ENDUROS

RALF HEINSOHN
ENDUROS
Typen · Technik · Tourenplanung

Delius Klasing
EDITION MOBY DICK

Die Deutsche Bibliothek – CIP-Einheitsaufnahme

Heinsohn, Ralf:
Enduros: Typen – Technik – Tourenplanung / Ralf Heinsohn. –
Kiel: Moby Dick, 1997
ISBN 3-89595-109-9

ISBN 3-89595-109-9

© Moby Dick Verlag GmbH, Kiel
Titelfoto: BMW AG
Einbandgestaltung: Buchholz/Hinsch/Hensinger, Hamburg
Gesamtherstellung: Kunst- und Werbedruck, Bad Oeynhausen
Printed in Germany 1997

Alle Rechte vorbehalten!
Ohne ausdrückliche Erlaubnis des Verlages darf das Werk, auch nicht
Teile daraus, weder reproduziert, übertragen noch kopiert werden,
wie z. B. manuell oder mit Hilfe elektronischer und mechanischer
Systeme incl. Fotokopieren, Bandaufzeichnung und Datenspeicherung.

Inhalt

Über dieses Buch	7	MZ	80
		Suzuki	81
		Triumph	83
Was ist eine Enduro?	9	Yamaha	84

Geschichte 9
Gattungsbezeichnung 14
Gründe, Enduro zu fahren 16

Fahren 90

Fahren im Stehen 90
Im Sand 91
Technik 18
Richtiges Bremsen 92
Kurven 92
Rahmen und Motor 18
Kurvenprobleme 94
Umweltbewußtsein 24
Hindernisse 94
Vorderrad-Aufhängung 26
Bergab 96
Federbeine 28
Bergauf 97
Hinterrad-Aufhängung 32
Wenden am Hang 98
Räder und Bremsen 36
Training 99
Bereifung 39
Geländesport 99
Reifenentwicklung 41
Selbst aktiv werden 101
Mehr als zwei Räder 44
Abseits der Straße 102
Verhalten unterwegs 104
Ein wenig Ideologie 106
Marken und Modelle 49
Auf der Straße 107
Bekleidung 110
Aprilia 49
BMW 50
Cagiva 55
Reise 112
Ducati 55
Gilera 56
Das Abenteuer ruft 112
Harley-Davidson 56
Organisierte Touren 114
Honda 56
Orientierung 115
Husaberg 60
Transport 120
Husqvarna 73
Gepäck 124
Kawasaki 74
Auf fremden Straßen 126
KTM 76
Off-Road im Ausland 132
Laverda 78
Eisfischen in Finnland 137
Moto Morini 78
Moto Guzzi 78
Register 140

Über dieses Buch

Bücher über Motorsport im Gelände gibt es nicht nur einige, sondern viele. Dies ist kein weiterer Beitrag zu diesem Thema. Enduros haben sich zu einer eigenständigen Fahrzeuggattung entwickelt. Ihre Fahrer haben mehrheitlich, wenn überhaupt, nur passives Interesse an motorsportlichen Themen. Warum also kein Buch für diesen Endurofahrer machen?

Dieses Buch handelt von Enduros, von ihrer Technik, den am Markt befindlichen Modellen, wie man mit ihnen fährt und vor allem wo man mit ihnen hinfahren kann.

»Durchlese«-Buch

Wie bei meinem Buch »Motorrad-Gespanne« soll der Spaß am Lesen im Vordergrund stehen. Auch »Enduros« ist ein Durchlese-Buch, angereichert mit Zitaten, Geschichten und Anekdoten rund um die Enduro.

Leider gilt im deutschen Sprachraum ein Sachbuch immer noch nur dann als umfassend, wenn es möglichst schwierig, unverständlich und mit Fremdworten und Formeln gespickt ist. Im anglo-amerikanischen Bereich ist dies längst anders und mir stets Vorbild.

Das Kapitel »Reise«

Dieses Kapitel ist gewissermaßen als Planungshilfe und Appetitmacher zu verstehen. Bewußt wurde Wert gelegt auf »machbare« Ziele, die der Normal-Endurist innerhalb seines üblichen Jahresurlaubs erreichen kann. Dies ist kein Buch für Globetrotter und Expeditionsreisende!

Viele Enduristen träumen so sehr von geschotterten Alpenpässen und Wüstenpisten durch die Sahara, daß ihnen Phantasie und Initiative zu naheliegenderen Zielen verlorengeht. Aber lieber irgendwo in Mecklenburg am abendlichen Lagerfeuer sitzen, als im heimischen Kino das Lagerfeuer im Marlboro-Spot zu sehen!

Für Wißbegierige

Viele Abschnitte enthalten unter der Überschrift »Lesen« zusätzliche Literaturhinweise. Diese Hinweise sind weniger als Quellennachweis, sondern eher als Tip für diejenigen Leser gedacht, die das Thema gern vertiefen wollen. Aus diesem Grunde stehen die Hinweise auch im Text, nicht wie meist üblich an dessen Ende, und sind zuweilen mit Kommentaren versehen.

Fotos

Die meisten Fotos, soweit nicht besonders gekennzeichnet, stammen vom Verfasser oder seiner Ehefrau Susanne Heinsohn.

Zahlreiche Fotos wurden freundlicherweise von Ralf Habermann, Ingrid und Matthias Jonat (Hamburg) und Steffen Schönhammer (Norderstedt) zur Verfügung gestellt.

Haftungsausschluß

Der gesamte Inhalt dieses Buches wurde nach bestem Wissen des Autors zusammengetragen. Technische Änderungen an Fahrzeugen dürfen stets nur von ausgewiesenen Fachleuten vorgenommen werden und sind der gesetzlich vorgeschriebenen technischen

Abnahme zu unterziehen. Fahrübungen mit Enduros sollten stets auf dafür ausgewiesenem abgesperrtem Gelände, niemals im öffentlichen Straßenverkehr und in jedem Fall unter fachkundiger Anleitung absolviert werden. Alle technischen Änderungen und Fahrübungen erfolgen auf eigene Gefahr.

Danksagungen

Dieses Buch wäre ohne die Mithilfe zahlreicher Freunde und auch mir persönlich bis dahin völlig unbekannter Personen undenkbar gewesen.

Das Kapitel »Fahren«
Innerhalb dieses Kapitels steuerte Jörn Denecke (Ahrensburg) freundlicherweise die Abschnitte »Fahren im Stehen«, »Im Sand«, »Richtiges Bremsen«, »Kurvenprobleme«, »Hindernisse«, »Bergab«, »Bergauf«, »Wenden am Hang«, »Training« und »Geländesport« bei. Ihm gilt mein besonderer Dank.

Weitere Beiträge
Darüber hinaus möchte ich allen danken, die in irgendeiner Form einen Beitrag zum Gelingen dieses Buches geleistet haben:

Klaus Bartelt (Moby Dick Verlag, Kiel), Ivo Beu (Hamburg), Ulrich Bonsels (Triumph Motorrad Deutschland GmbH, Rosbach v.d.H.), Helmut Dähne (Metzeler Reifen GmbH, München), Marion Durst (Alpha-Technik GmbH, Stephanskirchen), Dörte Försterling-Wittmann (Kiel), M. Göbl (Kawasaki Motoren GmbH, Friedrichsdorf), Ingrid und Matthias Jonat (Hamburg), Otto A. Kallenbach (Pirelli Motorrad-Reifen, München), B. Kirchhoff (A&G Motorrad-Vertrieb GmbH, Bielefeld), Roy Kiviet (White Power Suspension, Malden, Niederlande), Hildegard Koch (Bridgestone/Firestone Deutschland GmbH, Bad Homburg), Barbara Lubert (Hamburg), A. Miura (Yamaha Motor Co., Ltd., Shingai, Japan), H.H. Münch (Michelin Reifenwerke KGaA, Karlsruhe), Kenneth Olausson (Öhlins Racing AB, Upplands Väsby, Schweden), Nicole Papay (Yamaha Motor Deutschland GmbH, Neuss), Hr. Reinhardt (Continental AG, Hannover), Wakako Sato (Honda Motor Co., Ltd., Tokio, Japan), Hans Sautter (BMW AG, München), Steffen Schönhammer (Norderstedt), Christiane Urban (Kawasaki Motoren GmbH, Friedrichsdorf), Andreas Vogelhaupt (Grip Reifenservice, Hamburg), Klaus Wilkniß (Honda Deutschland GmbH, Offenbach), Kenneth Woods (Goslar).

Was ist eine Enduro?

Der Begriff entstammt dem Spanischen. *Endurar* heißt dort soviel wie »ertragen«. Auch im Englischen kennt man das Verb *to endure* mit gleicher Bedeutung.
Ursprünglich steht »Enduro« für eine spezielle Form des Geländesports, in der es auf eine besondere Ausdauer bei der Bewältigung einer vorgegebenen Strecke ankommt, zu der auch Querfeldein-Abschnitte gehören.
Heute gibt es solche Wettbewerbe immer noch, nur in unseren Breiten immer seltener. Dennoch ist der Begriff in aller Munde. Er beschreibt mittlerweile eine ganze Motorradgattung, die technisch und optisch im weitesten Sinne für das Fahren im Gelände ausgelegt ist.

Geschichte

Wie fast alle technischen Neuerungen im Kraftfahrzeugsektor entwickelt sich auch die Fahrzeuggattung Enduro aus dem Motorsport.
Die frühen Motorradfahrer sind gewissermaßen Endurofahrer wider Willen. Endurofahrer von heute würden sich nach den normalen Straßen der Jahrhundertwende alle zehn Finger lecken, so schlecht präsentiert sich deren Zustand.

Die Gründerzeit

Zu jener Zeit herrscht in Deutschland noch Kaiser Wilhelm II., die Eisenbahnen experimentieren mit den ersten elektrischen Lokomotiven, in den europäischen Hauptstädten werden die ersten Untergrundbahnen eröffnet, doch in der deutschen Provinz ist elektrisches Licht noch eine ziemlich unbekannte Sensation. Es ist Gründerzeit – riesige Fabriken entstehen, die alle möglichen Erzeugnisse preisgünstig in großen Mengen ausspeien: Maschinen, Fahrräder, Autos, Motorräder und – Kanonen selbstverständlich. 1885 baut Gottfried Daimler das erste Motorrad, vierzehn Jahre später findet bei Wien das erste Motorradrennen der Geschichte statt und seit 1907 gibt es die Tourist Trophy auf der Isle of Man.
Britische Motorsportler zieht es in die freie Natur, und so nehmen sie 1908 an einer Fuchsjagd teil, zu der neben 16 Pferden auch 13 Motorräder starten. Die Überlegenheit der Motorräder im Gelände zu beweisen, ist das Ziel. Ob die Pferde dank des Motorenlärms doppelt so schnell wie gewohnt laufen, ist nicht überliefert, jedenfalls gewinnen die Reiter, schon weil überhaupt nur zwei Motorräder im Ziel ankommen.
Zu jener Zeit versuchen sich waghalsige Briten an zunächst künstlichen, später an natürlichen Hindernissen, um diese bei Aufbietung aller Geschicklichkeit zu überwinden. Da der Schwerpunkt der Wettbewerbe auf dem Versuch liegt, nennen sie diese Veranstaltungen *trial*. Einige dieser Veranstaltungen gehen über sechs Tage, deshalb spricht man auch von *Six Days*. 1911 startet zum ersten Male das *Scottish Six Days Trial* und 1913 das English Six Days Trial. Durch eine Modifikation des Reglements wird letztere als *International Six Days Trial* zum Urahnen aller Enduro-Wettbewerbe.

endurar vt *härten* || *(Leiden) ertragen* || *aufschieben* || **-se** *abhärten*
Carlos Illig: Wörterbuch der Spanischen und Deutschen Sprache, Wiesbaden 1994

en·dure / v **1** [I, Tn] suffer or undergo (sth painful or uncomfortable) patiently: *endure toothache* o *He endured three years in prison for his religious beliefs.* **2** [Tn, Tt, Tg] (esp in negative sentences) bear; tolerate: *I can't endure to see/seeing children suffer.* **3** [I] continue in existence; last: *fame that will endure for ever* o *as long as life endures* o *These traditions have endured throughout the ages.*
Oxford Advanced Learner's Dictionary of Current English, Oxford 1989

Zündapp KS 601 Gespann Anfang der fünfziger Jahre beim Härtetest (Foto: Zündapp)

Zwischen den Kriegen

Die *Six Days* verlangen von den Teilnehmern Ausdauer und zuverlässige Maschinen. Es kommt auf die Einhaltung von Durchschnittsgeschwindigkeiten an, Höchstgeschwindigkeit spielt eine untergeordnete Rolle.

Zu jener Zeit tut sich viel auf dem Kontinent, der Deutsche Kaiser dankt ab, Arbeiter- und Soldatenräte üben in Deutschland und Rußland die Macht aus. In Deutschland wird die Republik ausgerufen, die Revolution in Rußland führt letztlich zur Gründung der Union der Sozialistischen Sowjetrepubliken.

Es ist klar, das die Menschen in Kontinentaleuropa andere Sorgen als den Motorsport haben. So bleibt es Schotten überlassen, die Geschicklichkeitssektionen bei Trial-Wettbewerben zu streichen und nur auf Zeit zu fahren. Sie nennen diese Art des Wettstreits *scramble* – der Urahne des heutigen MotoCross.

Von 1920 an finden auch wieder Sechstagefahrten statt. Technisch werden in der folgenden Zeit viele Verbesserungen erzielt: Hinterradfederungen setzen sich durch, und BMW präsentiert seine neuartige Teleskopgabel.

Doch die politischen Verhältnisse in Europa überschatten alle technischen Bemühungen. Deutschland bereitet unübersehbar den Krieg vor, im August 1939 verlassen Holländer und Briten die Sechstagefahrt im bereits »Heim ins Reich« geholten Salzburg.

Nach dem Krieg

1945 liegt Europa buchstäblich in Scherben. Doch schon 1947 richtet die Tschechoslowakei erneut eine Sechstagefahrt aus. 1952 nehmen erstmals Fahrer aus der (westdeutschen) Bundesrepublik teil, vier Jahre später auch Fahrer aus der DDR (in einer gemeinsamen deutschen Mannschaft). Ab 1959 treten die DDR-Fahrer mit einer eigenen Mannschaft an.

Das Wirtschaftswunder

In der Bundesrepublik Deutschland der Nachkriegszeit geht es rasch wirtschaftlich bergauf. Zum Sinnbild der neu gewonnenen Freiheiten wird die Motorisierung. Davon profitiert zunächst die Zweiradindustrie, doch dann setzt das Auto zum Überholen an. Kaum jemand mag mehr Motorrad fahren, die deutsche Motorradindustrie liegt am Boden.

Die Wiederentdeckung des Motorrads

Jenseits des großen Teichs wird das Motorrad wiederentdeckt. Es ist die Zeit des Protests am Ende der 60er Jahre. Beatles, Rolling Stones, Bob Dylan und andere drücken die Unzufriedenheit musikalisch aus, ihre langen Haare werden zum Sinnbild der Ablehnung einer gesättigten biederen Wohlstandsgesellschaft. Was könnte die Ablehnung besser dokumentieren als ein motorisiertes Zweirad?

Japans Motorradindustrie reagiert

In dieser Situation haben die fernöstlichen Motorradproduzenten im Land der aufgehenden Sonne gerade eine Erfolgssträhne wie ihre europäischen Mitbewerber in den 50er Jahren.

Nach dem Zweiten Weltkrieg liegt die japanische Wirtschaft am Boden, das Land ist, ebenso wie sein ehemaliger Verbündeter Deutschland, weitgehend zerstört. Kurz vor der Kapitulation wirft der Sieger USA noch zwei Atombomben auf die Städte Hiroshima und Nagasaki, nicht zuletzt wohl, um die noch mit den USA verbündete Sowjetunion militärisch zu beeindrucken.

Vor dem Krieg ist Japan im Vergleich mit Mitteleuropa und den USA noch ein unterentwickeltes Land. Eine nennenswerte Motorradindustrie existiert praktisch nicht. Harley-Davidson gibt so etwas wie Entwicklungshilfe und lizenziert den Bau eines älteren Modells.

Der Erfolg der japanischen Industrie gründet in der bemerkenswerten Fähigkeit, vorhandene Produkte erst zu kopieren und dann zu perfektionieren. In der ersten Phase, den 50er Jahren, bedienen sie mit diesen Motorrädern den einheimischen Markt. Noch sind die Modelle nicht weltmarktfähig.

Am Beginn des neuen Motorradbooms in den 60ern sind die Japaner dann lieferfähig und voller Tatendrang – bereit zu produzieren, was immer der Markt wünscht. Die europäischen Hersteller hat dagegen bereits die Lethargie gepackt, diese paart sich noch mit der uns eigenen Arroganz gegenüber Erfordernissen des Markts.

Trail-Bikes aus Japan für die USA

Der US-Markt will Geländemaschinen für jedermann, keine teuren und empfindlichen Wettbewerbsmodelle. Motorräder, die für die Straße ebenso taugen wie für das leichte Gelände. Sie nennen sie zunächst *trail-bikes*. Der Name *trail-bike* hat selbstredend nichts mit dem Trial-Sport zu tun, man beachte die unterschiedliche Stellung der Laute. Ein *trail* bezeichnet unbefestigte Pferdepfade, von denen es in den amerikanischen Weiten genug gibt. *Dual-purpose bike* ist eine weitere gängige Bezeichnung für solche Maschinen – Motorräder mit zweifachem Nutzen.

Die Japaner liefern *trail-bikes* und sie erobern den Markt, wie Yamaha mit der zweitaktenden DT 1. Später eröffnet Honda den viertaktenden Markt mit der XL 250, und Yamaha startet mit der XT 500 die Ära der hubraumstarken Singles.

Mitte der siebziger Jahre setzt sich dann der Begriff Enduro gegen *trail-bike* und *dual-purpose bike* durch.

Versagen in Europa

Die Japaner liefern den Amis auch Motorräder, die deren Verlangen nach Show stillen. »Wenn Erscheinung und Leistung immer Hand in Hand gehen, wird die Suzuki TS 400 J Apache wohl eine Maschine sein, die deutlich mehr gewinnt, als die anerkennenden Blicke weiblicher Passanten«, heißt es in einem Test von 1972 in der US-Zeitschrift Cycle World.

Europäern ist diese marktorientierte Denkweise noch fremd: »Leider waren bei der sich abzeichnenden Tendenz zum Geländefahren bald alle Mittel recht: Einige Firmen benutzten irreführende Werbeargumente und unlautere Verkaufsverfahren; sie wandten sich an die breite Masse oder an die Anfänger – also schlecht informierte und vor allem beeinflußbare Kreise, bei denen das Irreführen relativ

---

Geschichte **11**

trail / n 2 path, esp through rough country: *a trail through the forest* o *a 'nature trail*.

trial / n 2 [C, U] (act or process of) testing the ability, quality, performance, etc of sb or sth: *give job applicants a trial* o *put a car through safety trials* o *a trial of strength*, ie *a contest to see who is stronger* o *The new drug has undergone extensive medical trials* o [attrib] *for trial purposes* o *employ sb for a trial period* o *a trial separation*, ie *of a couple whose marriage is in difficulties*.
Oxford Advanced Learner's Dictionary of Current English, Oxford 1989

Auf den Tankseiten hätten Marken- und Modellzeichen sein können, aus welchem Land auch immer. Daß es zufällig die Japaner waren, die uns Maschinen präsentierten, die unseren Vorstellungen unglaublich nahekamen, war eigentlich nur am Rande wichtig. Unsere eigene Produktion in Deutschland und der übrigen Fabriken in Europa hatten eben derartige Konstruktionen nicht im Programm, und es war dort nirgendwo zu erkennen, daß man dieser Baurichtung nun folgen wollte. Also wandten wir uns der Seite zu, die anbot, was gefiel.
Ernst Leverkus in: Die rasanten Motorräder der 60er Jahre, Stuttgart 1988

leicht war. Einige Hersteller ... setzten ohne allzuviel Skrupel einige ihrer Modelle ab, indem sie diese geschickt mit sportlich aussehendem Zubehör versahen. Zahlreiche Anfänger, und sogar erfahrene Motorradamateure, begeistert von der Idee, endlich nach Herzenslust Geländesport betreiben zu können, gingen auf den Leim und kauften vertrauensvoll Modelle mit übergroßem, hochgezogenem Lenker, hochgelegter Auspuffanlage, Schutzblechen im ›Cross‹-Stil und Reifen mit grobem Blockprofil. In Wirklichkeit waren das gewöhnliche – nur als Geländemaschinen aufgemachte – Straßenmodelle; daß die Kutte noch keinen Mönch macht, gilt aber auch für Motorräder« schreibt Bernard Jonzier 1976 in »Der grüne Sport«.

Heute wissen wir, daß mit ähnlichen Begründungen europäische Automobilhersteller auch den Geländewagen-Boom gründlich verschlafen haben. In der deutschen Industrie hat eben viel zu lange die Technik das Produkt bestimmt und nicht der Markt.

Die besondere Leistung der XT

»Enduros definieren den Spaß an der motorisierten Fortbewegung auf zwei Rädern neu. Die Mehrkämpfer der Motorrad-Zunft erschließen nicht nur alternative Wege abseits ausgetretener Asphalt-Rennpisten, sondern charakterisieren auch ein sich veränderndes Motorradfahrer-Bewußtsein. Die besondere Leistung der XT liegt darin, eine bereits bestehende Motorrad-Kategorie dem Dornröschenschlaf zu entreißen. Die XT 500 ist schlicht und einfach die erste Enduro, der auch Fahrer großer ›Böcke‹ echte Anerkennung zollen. Bis zu diesem Zeitpunkt werden die stollenbereiften ›Underdogs‹ vornehmlich als Übungsinstrument für Anfänger bzw. Zweitmaschine für Kiesgruben-Kunststücke oder winterliche Rutschpartien betrachtet. Das ändert sich mit der XT schlagartig, sie ›darf‹ im Konzert der Großen mitsingen. Schließlich setzt sie sich schon in punkto Leistungsentfaltung von der hubraumschwächeren Konkurrenz kräftig ab. Außerdem riecht die XT nach Freiheit und Abenteuer und paßt damit prächtig in die sich entwickelnde Freizeit- und Reise-Gesellschaft.« (Andreas Schlüter in: Motorräder die Geschichte machten, Yamaha, Die XT-Einzylinder, Stuttgart 1994.)

Eine Enduro rettet BMW

Am Ende der 70er Jahre bricht der US-Markt für BMW-Motorräder zusammen, das Motorrad-Management muß seinen Hut nehmen. Die ersatzweise eingesetzten Marketingleute von der Autosparte brauchen ein neues Modell, möglichst einen Kassenfüller, und das auch noch schnell. 1980 präsentiert man die inzwischen zur Legende gewordene R 80 G/S mit ihrer sensationellen Einarmschwinge. Obwohl es sich technisch (von der Schwinge abgesehen) um eine nur geringfügig modifizierte Straßenmaschine handelt, ist der Markterfolg ungeheuer. BMW hat mit der G/S sogar ein völlig neues Marktsegment geöffnet, die Reise-Enduro.

Ganz geheuer ist den BMW-Leuten die Gattungsbezeichnung Enduro in der Anfangsphase wohl noch nicht, jedenfalls bemüht man auch den Begriff *trail-bike*. Dazu stellt die Werbung ganz auf den Boxer-typischen Sound (»Boxerlust«) ab, das Ganze als eine Art Werbe-Hörspiel (Motorrad-Trail in der Baja California) auf Schallplatte (tja, die Dinger gibt's damals noch) gepreßt und der Kundschaft als Beilage in *special interest* Magazinen (sprich: Motorradzeitungen) präsentiert.

Der Enduro-Markt heute

Mit verbessertem Marketing reagieren die verbliebenen europäischen Hersteller heute auf die japanische Herausforderung. Technologisch nehmen europäische Hersteller, allen voran BMW, führende Positionen ein, die Zeiten des Altherren-Boxer-Image sind vorbei. In der Fertigungsqualität, für Jahre die Domäne der Japaner, haben europäische Hersteller schon aufgeholt, namentlich italienische Hersteller (Aprilia, Cagiva, Husqvarna) haben hier so deutliche Fortschritte erzielt, daß BMW sein Einzylindermodell F 650 bei Aprilia fertigen lassen kann. BMW selbst bietet nur im harten US-Markt zwei Jahre Garantie, setzt dafür in Europa aber auf großzügige Kulanzregelungen. Zugleich differenzieren sich die japanischen Hersteller. Suzuki verkauft zu deutlich niedrigeren Preisen als die anderen Anbieter, dafür muß der Kunde Abstriche in der Verarbeitungsqualität in Kauf nehmen. Honda setzt auf hohe Qualität. Dafür haben Hondas Preise (zumindest auf der Liste) längst BMW-Regionen erreicht, allerdings bei zwei Jahren Garantie!

Überhaupt kämpfen die Japaner inzwischen mit Kostenproblemen, die europäische Hersteller durch gnadenlose Rationalisierung schon mehr und mehr im Griff haben.

Lesen
Pavel Husák: Enduro, Sechstagefahrt gestern und heute – Maschinen – Fahrtechnik, Stuttgart 1984.
Dieses Buch hat der Autor als russische Übersetzung 1992 für umgerechnet etwa 10 Pfennig in einem Buchladen in St. Petersburg erstanden. Was kann es als Souvenir einer Enduroreise Besseres geben?

Gaston Rahier gewinnt die Rallye Paris – Dakar 1987 auf BMW-Boxer (hier in der Ténéré-Wüste). (Foto: BMW)

Gattungsbezeichnung

Der Begriff Enduro ist heute als Gattungsbezeichnung in aller Munde. Kein Wunder – je weiter die Asphaltierung unserer Umwelt voranschreitet, desto unbändiger wird der Wunsch, die verloren gegangene Freiheit wenigstens in Teilen zurückzuholen.

Unsere Straßen sind voll von vierradgetriebenen Autos. Ihre Fahrer haben sie für den Überlebenskampf im Asphaltdschungel mit allerlei mehr oder minder nützlichem Zierrat in Form grobprofilierten Gummis oder verchromten Rohrwerks ausgestattet. Der Fahrer selbst kleidet sich entsprechend in khakifarbene Textilien.

Genug der Schmähungen. Warum sollte Motorradfahrern nicht recht sein, was Automobilisten billig ist? Zweiräder mit Modellnamen, die der nordafrikanischen Geografie entlehnt sind, machen neben Landcruiser, Pajero, Patrol & Co. allemal eine gute Figur.

Der Begriff »Enduro« hat sich als Gattungsbegriff für Motorräder mit Off-Road-Optik entwickelt und etabliert.

Diese Definition ist weit genug gefaßt, um einerseits Motorräder vom Schlage einer Husaberg, Husqvarna oder KTM Competition und andererseits Tourenschiffe wie die BMW R 1100 GS einzuschließen.

Der Anteil der Enduros an der Gesamtzahl aller in Deutschland zugelassenen Motorräder liegt Mitte der neunziger Jahre bei etwa einem Fünftel.

Definition

Vor zwanzig Jahren hat eine US-Zeitschrift Enduros in einem Test so treffend definiert, daß diese Definition noch heute betrachtenswert ist:

»Als Off-Road-Fahren eine große Zahl von Enthusiasten anzuziehen begann, teilten sich die von ihnen benutzten Maschinen in zwei Arten. Eine wollen wir Straßen-Enduro nennen, was für ein Motorrad aus Massenproduktion steht mit verträglichem Motor, voller Straßenausrüstung und einer Geometrie und Federung, ausgerichtet für den Straßeneinsatz in den Händen von Fahrern ohne große Erfahrung.

Der andere Typ war die Enduro-Enduro, von spezialisierten Firmen in kleinen Mengen produziert; diese boten kräftige Motoren, ausgeklügelte Federung, die heißesten Komponenten und eine Beleuchtung und Schalldämpfung gerade ausreichend, um dem Buchstaben, wenn nicht nur dem Geist des Reglements zu entsprechen.

Unterschiedliche Maschinen für unterschiedliche Leute. Die Straßen-Enduro war und ist für manche Zwecke voll akzeptabel. Sie erfüllt die Wünsche desjenigen, der von seiner Garage zum nächsten Feldweg oder Wald fahren will und seine Zeit damit verbringt, Pfaden zu folgen. Braucht der Besitzer einen Hauch Wettbewerb, kann er einige Stunden mit Vorbereitungen verbringen, das Motorrad zum Kurs bringen und die Anfängerrunde drehen. Er wird seinen Spaß haben. Die Maschine wird ihn durchbringen. Das einzige, was er nicht können wird, ist, mit einer Straßen-Enduro Enduro-Veranstaltungen zu gewinnen.

Top-Enduro-Fahrer, diejenigen, die ernsthaft an Enduro-Veranstaltungen teilnehmen wollen, sich in nationalen Wettbewerben qualifizieren wollen, brauchen Enduro-Enduros.«
(Cycle World Enduro Test, November 1976)

Bei sorgfältiger Betrachtung zerfällt die Gattung der Enduros heute in drei Untergruppen: sportliche Enduros, Allzweck-Enduros und Reise-Enduros.

Sportliche Enduros

KTM hat für dieses Marktsegment den Begriff der Hard-Enduro geprägt und besetzt erfolgreich diese Nische, die von den japanischen Herstellern in den letzten Jahren mehr und mehr verlassen wurde.

Hard-Enduros sind auf das Wesentliche reduzierte Maschinen, also Enduros im eigentli-

---

Die meisten Enduros sind zu schwer, um geländetauglich zu sein. Aufgrund ihrer Bauart sind sie auf der Straße sehr wendig. Enduros sind flink, verfügen über einen guten Durchzug im unteren Drehzahlbereich, und es macht Spaß, mit ihnen Pässe zu fahren. Durch die vielen Plastikteile können sie umfallen, ohne daß gleich etwas kaputtgeht. Wegen ihrer Fußballschuhe haben sie auf Teerstraßen keine so gute Haftung wie Straßenmaschinen, dafür sind sie auf dem Sportplatz im Vorteil. Für Urlaube in Ländern, in denen der Straßenbau nicht mit deutscher Gründlichkeit betrieben wird, eignen sie sich vortrefflich. Enduros sind außerdem die einzigen wüstentauglichen Motorräder. Wir wollten das schon oft im Sandkasten überprüfen, aber da war uns immer zuviel Hundedreck drin.
Susa Bobke und Shirley Seul, in: Frauen Motorrad Handbuch, München 1995

chen Sinne. KTMs Modellpalette unterscheidet noch zwischen den kompromißlos auf Wettbewerb ausgelegten Competition-Modellen und den Enduro-Modellen. Weitere Anbieter wettbewerbstauglicher Maschinen sind Husqvarna und Husaberg.

Japanische Hersteller hatten sich in den letzten Jahren in diesem Marktsegment rar gemacht, wohl erschienen die zu erwartenden Stückzahlen nicht groß genug. Hondas XR 600 ist schon etwas in die Jahre gekommen, erfreut sich aber dennoch ungebrochener Popularität. Yamaha hat seine TT 600 jüngst überarbeitet und läßt sie in Italien fertigen. Beliebtes preisgünstiges Einstiegsobjekt in die Welt der Hard-Enduros ist auch Suzukis DR 350, von der inoffizielle Importeure (die geschmähten Grau-Importeure) eine sogenannte »Vollcross«-Version DR 350 P anbieten.

Allzweck-Enduros
Die große Masse der einzylindrigen Enduros sind klassische Allzweck-Enduros. Im Laufe der Zeit hat sich durch allerlei Zierrat und mehr oder minder nützliches Zubehör das Durchschnittsgewicht der typischen Allzweck-Enduros erhöht. Dazu gehört auch der E-Starter, der den früher standardmäßigen Kickstarter abgelöst hat. Das trieb den hartnäckigen Kern der Enduro-Klientel zu den Hard-Enduros, erschloß aber neue Kunden im Mittelklasse- und Anfängerbereich. Gerade für den Anfänger (neudeutsch: Beginner) ist eine Allzweck-Enduro das ideale Motorrad. Trotz 34-PS-Beschränkung in den ersten beiden Führerscheinjahren kann eine 650er Allzweck-Enduro ohne »Gesichtsverlust« gefahren werden, während eine Touren- oder Sportmaschine im gleichen Leistungsbereich dem Anfänger leicht »pofelig« vorkommt (daß ein leichter Sportler ein sehr aufregendes Motorrad sein kann, lernt der Anfänger erst später).

Gewissermaßen die »Urväter« aller heutigen Allzweck-Enduros sind Hondas XL 250 und Yamahas XT 500. Ihre Erben sind 1996 Hondas Dominator, Yamahas XT 600 E, Kawasakis KLR 650 und Suzukis DR 650 SE.

Der Begriff Funbikes wurde geboren, um den passenden Begriff für diejenigen Enduros zu haben, die zwar Enduro-typisch konstruiert sind, ihren Einsatzbereich aber nahezu ausschließlich auf der Straße haben. Die leichten Funbikes sollen hier für erhöhten Fahrspaß sorgen. Angeblich hat BMW den Begriff zur Einführung seiner neuen Einzylinder-Baureihe F 650 kreiert. Tatsächlich hat aber Kawasaki den Begriff schon einige Jahre vorher für die zweizylindrige KLE 500 geprägt. In der Saison 1997 ziehen die anderen Japaner nach: Suzuki mit der XF 650 Freewind, Honda mit dem »Citybike« SLR 650.

Reise-Enduros
Der Erfolg der BMW R 80 G/S hat das Marktsegment der Reise-Enduro erst geöffnet. Reise-Enduros erlauben es ihrem Fahrer, auch weiteste Strecken bequem zurückzulegen. Selbst auf schnell befahrenen deutschen Autobahnen kann der Lenker einer Reise-Enduro aktiv mithalten. Am Reiseziel braucht den Piloten der Reise-Enduro eine unbefestigte Straße oder eine kleine Geländeeinlage nicht zu schrecken.

Reise-Enduros stillen nicht nur das Verlangen der Kundschaft nach Sportlichkeit, sondern auch Fernweh und Abenteuerlust. Bezeichnenderweise entwickelt sich parallel zum Markt der Reise-Enduros in Deutschland auch ein Markt für eine spezielle Motorradzeitschrift, die sich ganz besonders auch dieser Themen annimmt. Der »Tourenfahrer« erobert die Herzen der Leser im Sturm und schiebt sich auf die vorderen Plätze der Publikumsgunst.

Heute bieten die meisten Hersteller Reise-Enduros an. Die klassische Reise-Enduro ist zweizylindrig. BMW hat mit der R 1100 GS quasi die Über-Enduro schlechthin im Programm. Honda bietet sogar zwei Modelle:

Transalp und Africa-Twin. Yamaha setzt auf die zweizylindrige Super-Ténéré und die einzylindrige Ténéré, deren frühe Modelle schon einen gewissen Kultstatus besitzen. Ebenfalls mit einem Zylinder kommt Suzukis DR 800 Big aus, dem »größten« Einzylinder überhaupt.
Gar drei Zylinder erwirbt der Reise-Endurist bei Triumph mit der 900er Tiger.

Gründe, Enduro zu fahren

Betrachten wir die Angelegenheit einmal ganz nüchtern. Benötigt der mitteleuropäische Motorradfahrer eine Enduro? Kaum. Unser Straßennetz, welches wir (in teutonischer Selbstgefälligkeit, aber aus gutem Grund) gern als das beste der Welt bezeichnen, befindet sich in ausgezeichnetem Zustand.
Auch in Neufünfland sorgt der Solidaritätszuschlag dafür, daß nun neu asphaltiert wird, was neu asphaltiert gehört. Damit das stalinistische Tempolimit endlich endgültig falle.
Rational betrachtet, sind Enduros in Deutschland überflüssig.
Warum fahren nicht alle Golf? Oder Straßenbahn? Oder Fahrrad?
Zu bieder? Zu dreckig? Zu anstrengend?
Sei's drum, auf motorisierten Zweirädern bewegt man sich, weil's Spaß bringt (»geil« nennt man das heutzutage ganz ungeniert).
Also auf ein Neues: Welches sind (gute?) Gründe, eine Enduro zu fahren?

Lifestyle

Neuzeitliches Marketing verkauft keine Produkte, sondern ein bestimmtes Lebensgefühl (»Ich bin so frei«). Der Endurist klettert am Morgen auf sein Gefährt und atmet für die halbe Stunde Weg zur Arbeit einen Hauch von Abenteuer.
Wieso nicht? Immer noch besser, als in der Biedermann-Limousine zu sitzen.
Dazu gibt's die passenden Klamotten, farblich abgestimmt zum Motorrad.

Fahrspaß

Im Vergleich zu anderen Straßenmaschinen sind Enduros immer noch leicht. Ihre Fahrzeuggeometrie ist auf leichtes Handling auch in engsten Kurven ausgelegt.
Mit einer Enduro kann man sehr schnell sein, in Frankreich wurde sogar eine eigene Klasse für Straßenrennen kreiert, das Super-Moto. Hier liefern sich straßenbereifte Enduros atemberaubende Duelle auf der Rennstrecke. Moderne Enduroreifen schränken die Kurventauglichkeit auf der Straße auch nicht mehr ein, wie das noch vor Jahren der Fall war. Reifen für großvolumige Enduros wie die BMW R 1100 GS verfügen sogar über die Geschwindigkeits-Kennzeichnung »V« (über 210 km/h).

Tourentauglichkeit

Wegen ihrer Fahreigenschaften sind großvolumige Enduros für Motorradtouren wie geschaffen. Ihre vergleichsweise simple Technik erlaubt Reparaturen auch fern jeder Vertragswerkstatt.
Ein breites Angebot an Zubehör für Reise-Enduros, vom riesigen Tank bis zum ausgeklügelten Koffersystem, erfüllt nahezu jeden Wunsch.

Sport

Schon optisch erfüllen Enduros eine Grundvoraussetzung heutigen Lebensgefühls – Sportlichkeit (siehe »Lifestyle«). Wer will, kann auch sportlichen Ambitionen frönen – und feststellen, daß Fahrten abseits befestigter Wege erhebliche Anforderungen an Fahrkönnen und körperliche Kondition stellen.
Wem das nicht reicht, der kann sich zur Teilnahme an freien Enduro-Wettbewerben entschließen und damit den Schritt zum echten Motorsport tun – eine Möglichkeit, die sich wohl mit kaum einem anderen motorisierten Fahrzeug so einfach ergibt.

Überschaubare Technik

Die klassische Enduro war mit ihrem Einzylinder-Motor ein Musterbeispiel für leicht verständliche und einfach zu beherrschende Technik. Motorräder wie die XT 500, aber auch die Zweiventil-Boxer von BMW haben daher Selbstschrauber immer fasziniert.

Eine ähnliche Anziehungskraft übten sie auf Alternativ-Biker jeder Coleur aus (wenn diese sich nicht mit MZ beschieden).

Kurz vor der Jahrtausendwende müssen diese Aussagen teilweise zurechtgerückt werden. High-Tech macht eben auch vor Enduros nicht halt. Andererseits schrecken fanatische Selbermacher vor nichts zurück. So haben Transistor-Zündungen längst ihren (vermeintlichen) Schrecken verloren, und selbst die als Toaster geschmähten Vierzylinder-BMWs sind schon (allerdings nicht als Enduros) Schrauberobjekte geworden. Und wem die Steuercharakteristik der Elektronik-Zündung nicht paßt, der brennt eben ein neues EPROM. Bisher konnte man noch alles verschlimmbessern; wer heute noch Angst vor digitaler Technik hat, ist halt von gestern...

Technik

Rahmen und Motor

In technischen Dingen ist der Endurist konservativ. Dies ist eine Binsenweisheit, die sich mit zahllosen Details belegen läßt. Mit Ausnahme der Radaufhängung haben alle technischen Neuerungen die Enduro-Welt entweder überhaupt nicht (Rahmen) oder nur verspätet (Scheibenbremsen, schlauchlose Reifen) erreicht.

Der Endurofahrer schwört auf einfache Technik, der Reise-Endurist aus begreiflichen Gründen noch mehr als der Sport-Endurist. Klassische Technik, wie in der XT 500 oder den BMW Zweiventil-Boxern, hat den betreffenden Modellen Kultstatus und eine eingefleischte Fangemeinde beschert.

Yamaha XT 600 E, Rahmen (Foto: Yamaha)

Rahmen

Enduro-Rahmen werden nach wie vor in klassischer Bauweise aus Stahlrohr mit rundem, seltener rechteckigem Querschnitt gebaut.

Das Festhalten an dieser klassischen Bauweise hat natürlich seinen praktischen Hintergrund. Stürze sind bei Geländemaschinen nicht selten und im Sport sogar nahezu unvermeidlich. Verbogene Rahmen aus Stahlrohr lassen sich auf der Richtbank wieder ins Lot bringen, Rahmen aus Leichtmetall-Legierungen müßten wegen der Bruchgefahr ausgetauscht werden.

Seit einiger Zeit wird allerdings für die Rahmen von Trial-Maschinen bereits Aluminium verwendet. Die Honda CR 250 von 1997 ist die erste MotoCross-Maschine mit Aluminium-Rahmen.

Leichte Enduros verfügen über einen Einrohr-Rahmen, schwerere Modelle über einen Doppelschleifen-Rahmen. Ausnahmen von dieser Regel sind nur die BMW R 1100 GS mit ihrem Gitterrohr-Rahmen, die Zentralrohr-Rahmen der KTMs und die Perimeter-Rahmen der Kawasaki KLX-Reihe.

Zweitakter

Über viele Jahre hinweg gehören Zweitakt-Motoren zum Standardantrieb im Off-Road-Bereich. Dafür sprechen ihre hohe Leistungsentfaltung bei geringem Gewicht und ihre Wartungsfreundlichkeit.

Trotz dieser unbestreitbaren Vorteile spielen Zweitakt-Motoren außer im Sportbereich heute keine Rolle mehr. Als Gründe für den Abschied vom Zweitakt-Motor werden immer wieder genannt:

– der Abgas-Ausstoß (»blaue« Wolken unverbrannten Öls)
– zu hoher Verbrauch
– hohe Lärmentwicklung

Alle diese vorgeblichen Nachteile nähren sich aus zwei Erfahrungsquellen: den auf Leistung getrimmten Zweitaktern im Rennbereich und den veralteten Fahrzeugen aus der früheren DDR.

Dabei hat schon zu DDR-Zeiten das frühere MZ-Werk nachgewiesen, daß ETZ-Motoren mit hochwertigem biologisch abbaubarem Castrol-Biolube-Zweitakt-Öl im Mischungsverhältnis 1:100 gefahren werden können. Setzt man der Verwendung von biologisch abbaubaren Zweitakt-Ölen den Leckverlust durch Motoröl bei Viertaktern und deren Altöl-Entsorgung entgegen (wer würde schon Zweit-Raffinat verwenden?), sieht die Umweltbilanz nicht mehr so negativ aus.

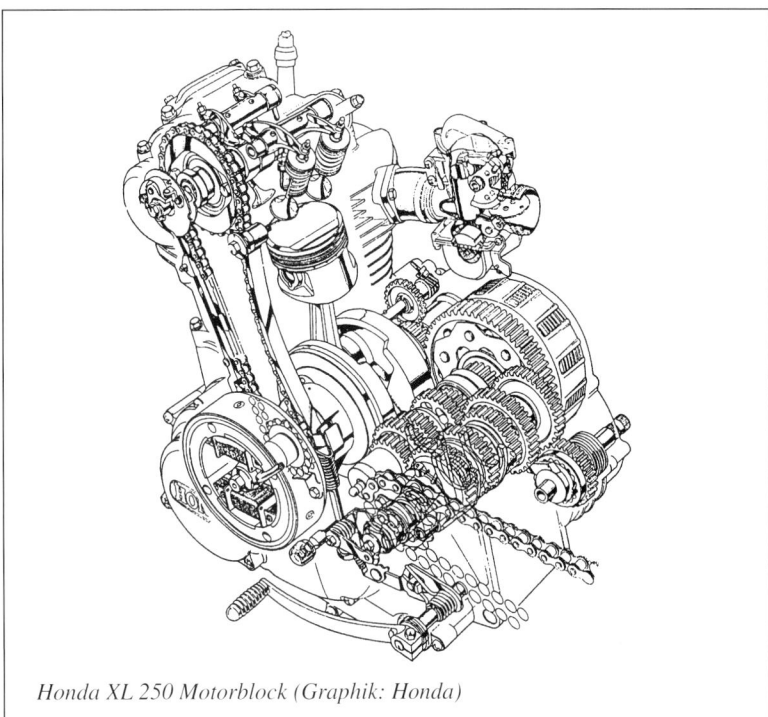

Honda XL 250 Motorblock (Graphik: Honda)

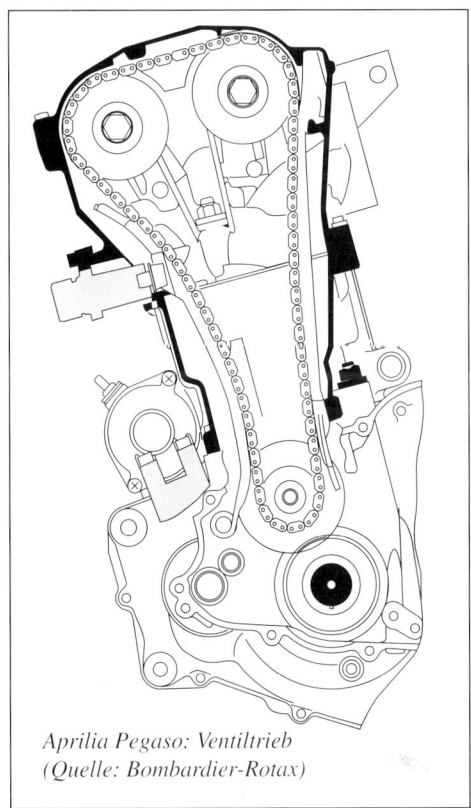

Aprilia Pegaso: Ventiltrieb (Quelle: Bombardier-Rotax)

BMW F 650 Motorblock (Graphik: BMW)

Entsprechenden Entwicklungsaufwand vorausgesetzt, dürften auch Verbrauchswerte und Lärmemissionen der Zweitakter auf ein akzeptables Maß zu reduzieren sein.

Einen unschlagbaren Vorsprung des Zweitakters gegenüber dem Viertakter beweist das in diesem Buch abgebildete dreirädrige Yamaha ATV seinem Besitzer jedes Jahr aufs neue. Zum Winter wird es aus der Garage gerollt, vom Staub des Sommers befreit, zwei- bis dreimal kicken: läuft! Das schafft kein Viertakter. Und, um es jungen Lesern aus dem Westen Deutschlands nochmals in Erinnerung zu rufen: kein Ventileinstellen, kein Ölwechsel!

Während Yamaha seine DT-Baureihe (mit Ausnahme der 80er-Modelle) 1981 auslaufen läßt, halten Suzuki und Kawasaki länger am Zweitakt-Prinzip fest. Suzuki wirft 1985 nochmal die TS 250 X als Sport-Enduro auf den Markt, die bis 1989 gebaut wird. Am längsten hält Kawasaki durch und stellt noch 1991 die KDX 250 vor.

Ausschnitt KTM-Rotax-Motor

Viertakter

Von den japanischen Herstellern hat Honda traditionsgemäß die Vorreiterrolle bei Viertakt-Motoren. Die von den frühen Straßenmodellen abgeleiteten Scrambler sind ohnehin Viertakter. Um gegen die zweitaktende Konkurrenz und die hubraumstarken europäischen Viertakter bestehen zu können, setzt Honda auf das Konzept des hochdrehenden Viertakters mit wenig Hubraum. Bei Geländemaschinen mit dem Bedarf an Kraft aus dem »Drehzahlkeller« ein schlechter Ausgangspunkt.

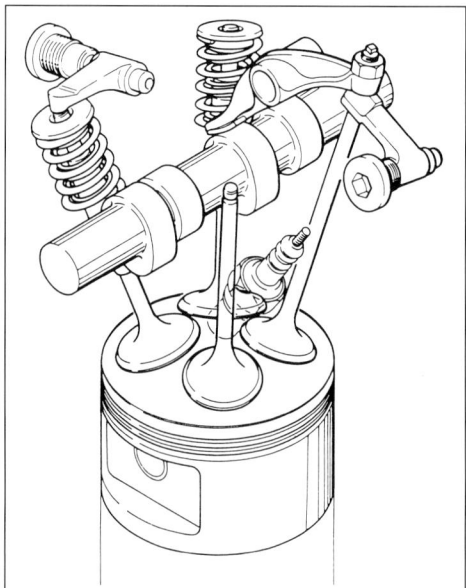

Honda RFVC-Technik (Radial Four Valve Combustion Chamber) Graphik: Honda

Einzylinder

So kommt Yamaha der Verdienst zu, 1976 den Siegeszug des Viertakters bei den Enduros eingeleitet zu haben. 87 mm Hub und 84 mm Bohrung ergeben 500 cm³ Hubraum. Kombiniert mit zwei Ventilen ist das Kult-Motorrad angerichtet.

Honda vertreibt zu diesem Zeitpunkt schon

Yamaha XT 600 E, Motor (Foto: Yamaha)

seit vier Jahren eine »richtige« Viertakt-Enduro, die XL 250. Aus heutiger Sicht ist sie mit ihren vier Ventilen auch »moderner«, doch der entscheidende Durchbruch gelingt erst der XT.

Hubraum

Die XT 500 leitet den Trend zum großvolumigen Viertakt-Single ein. Doch die 1976 gewaltig erscheinenden 500 cm³ sind erst der Anfang. 1982 kommt Yamaha mit der XT 550 und 1983 mit der XT 600 Z Ténéré. 1986 kontert Kawasaki mit der KLR 650. Damit hat das Wettrüsten jedoch kein Ende, denn Suzuki bringt 1987 die DR Big 750, die 1990 nochmals zur DR Big 800 aufgestockt wird, dem (vorerst?) hubraumstärksten Einzylinder überhaupt.

Brennraum-Füllung

Die XT 500 schöpft ihre Kraft noch aus einem einzelnen Mikuni-Vergaser. Der (glücklose) Nachfolger XT 550 atmet bereits über je zwei Ein- und Auslaßventile und einen YDIS-Doppelvergaser (Yamaha Duo Intake System). Die erste 500er Enduro mit vier Ventilen ist aber 1978 die Honda XL 500 S. 1982 kommt Honda mit der XL 600 R und RFVC-Technik (Radial Four Valve Combustion Chamber). Die vier sehr steil stehenden Ventile werden von nur einer obenliegenden Nockenwelle betätigt.

Gedanken über eine intensivere Verbrennung macht sich 1984 auch Suzuki und stattet die DR 600 S mit dem schon im Straßenbereich bei der GSX-Reihe erfolgreichen TSCC-Brennraum aus. TSCC steht für Twin-Swirl-Combustion-Chamber, eine »Doppelwirbel-Brennkammer« mit vier steil hängenden Ventilen und zwei Zündkerzen.

Noch einen Schritt weiter geht Yamaha. Dort übernimmt man 1989 die vom Sportmodell FZR bekannte Fünfventil-Technik zunächst in die Zweizylinder-Enduro XTZ 750 Super Ténéré und von dort 1991 in das Einzylinder-Modell XTZ 660 Ténéré.

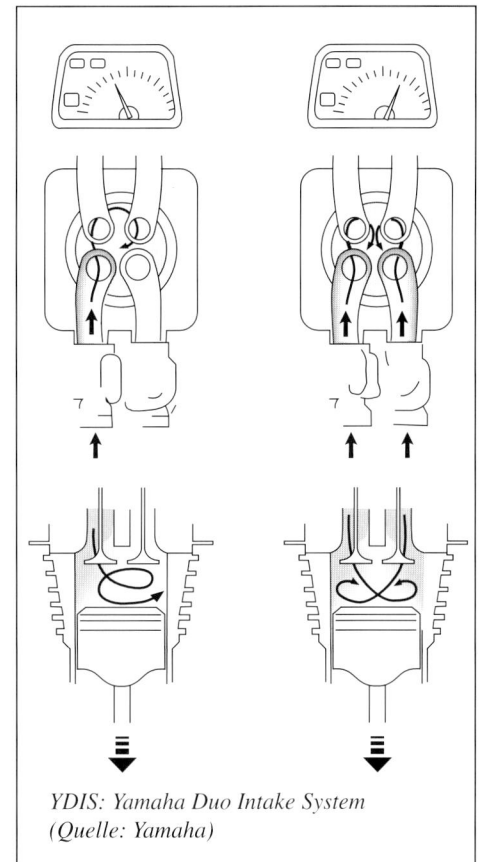

YDIS: Yamaha Duo Intake System (Quelle: Yamaha)

Ebenfalls in Fünfventil-Technik mit radial um die Zündkerze angeordneten Ventilen ist der Bombardier-Rotax-Motor der Aprilia Pegaso 650 konzipiert. Damit unterscheidet er sich konzeptionell völlig vom Motor der BMW F 650, der ebenfalls aus dem Hause Bombardier-Rotax stammt.

Suzuki DR Big 800 S, Motor

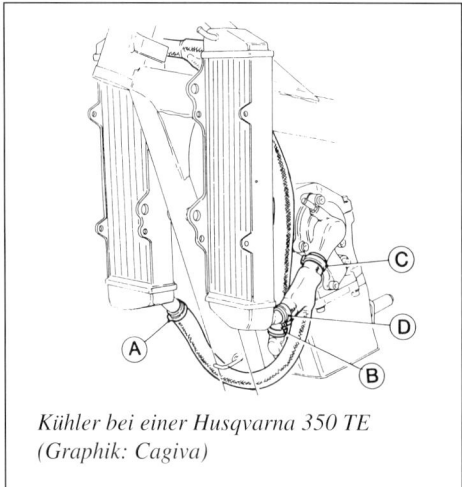

Kühler bei einer Husqvarna 350 TE (Graphik: Cagiva)

Kühlung

Die klassische Enduro ist luftgekühlt, schon aus Gewichtsgründen mußte das so sein. Hubraumvergrößerung und Mehrventiltechnik bescheren den Singles aber thermische Probleme, die letztlich nur durch Flüssigkeitskühlung in den Griff zu bekommen sind. Den Anfang macht Kawasaki 1984 mit der KLR 600, die trotz Flüssigkeitskühlung nicht schwerer als die Mitbewerber ist.

Suzuki vertraut den Wärmehaushalt seiner großvolumigen Singles dem hauseigenen SACS an (Suzuki Advanced Cooling System). SACS arbeitet mit einer Kombination aus Öl- und Luftkühlung.

Kickstarter

Die Bastion des Kickstarters als unverzichtbarem Enduro-Accessoire fällt in diesen Tagen. Der XT 500 verhilft die Antret-Prozedur noch zum Image des kernigen Männer-Bikes. Niemals wird der echte Endurist seine Maschine anders starten. E-Starter sind für Weicheier!

Nun sind die Startschwierigkeiten der Viertakt-Singles allgemein bekannt. Dekompressionshebel zur Erleichterung des Ankickens gehören zur Standard-Ausrüstung. Yamaha beschert der XT 550 sogar eine automatische Deko-Einrichtung – der Tritt auf den Kickstarter öffnet über einen Bowdenzug ein Auslaßventil.

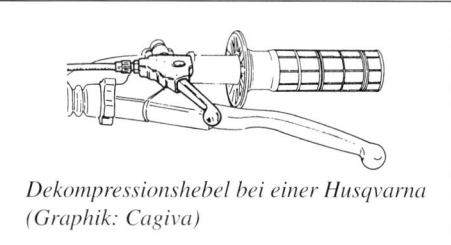

Dekompressionshebel bei einer Husqvarna (Graphik: Cagiva)

Bei den Honda-Modellen XL 250 S und XL 500 S von 1978 wirkt der Bowdenzug auf die Nockenwelle der Auslaßventile und öffnet damit beide Ventile.

Ein bißchen komplizierter arbeitet Kawasakis KACR-Mechanismus (Kawasaki Automatic Compression Release) bei der KLR 600 von 1984. Fliehkraftgeregelt öffnet das KACR bei Drehzahlen unter Leerlauf-Drehzahl das rechte Auslaßventil.

E-Starter

Die Vorreiterrolle beim E-Starter übernimmt

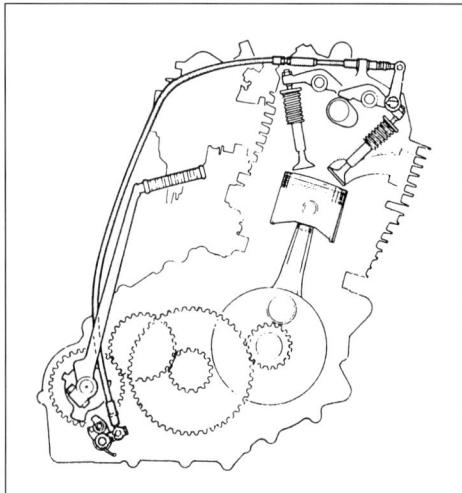

Automatische Dekompressionseinrichtung bei der XT 550 (Graphik: Yamaha)

Seitdem Kawasaki mit der KLR 600 E bewiesen hat, daß es die Legende vom kernigen Enduristen, der unbedingt seine Männlichkeit beweisen will, nicht gibt, sind E-Starter auf dem besten Wege, zum Standard zu werden. Tourenfahrer 6/85

Honda XR 650 L Starterknopf

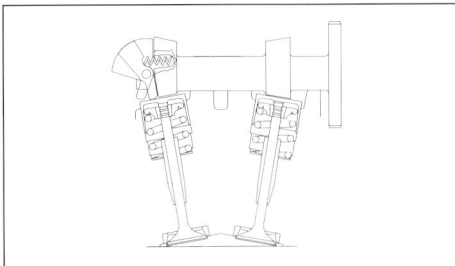

Fliehkraftgeregelter Dekompressor bei der Aprilia Pegaso (Quelle: Bombardier-Rotax)

Kawasaki. 1985 kommt die KLR 650 E auf den Markt und ist gerade deswegen erfolgreich. Die anderen Hersteller müssen wohl oder übel nachziehen. Mit der Yamaha XT 600 K endet die Kickstarter-Ära bei den Allzweck-Enduros 1995.

Selbst für E-Starter ist eine Dekompressionsvorrichtung nützlich, reduziert sie doch die vom Anlasser aufzuwendende Kraft und damit den Stromverbrauch. Für den Motor der Aprilia Pegaso hat Bombardier-Rotax einen fliehkraftgeregelten Dekompressor zum Patent angemeldet, der bis zu einer Drehzahl von 900/min ein Auslaßventil öffnet.

Am längsten hält sich der Kickstarter bei den Sport-Enduros, solange, bis leichteste Anlassermotoren mit geringstem Stromverbrauch und daher kleinstmöglicher Batterie auch diese Bastion nehmen. Husaberg macht 1995 den Vorreiter, KTM und Husqvarna folgen 1997. Yamaha liefert die TT 600 in einer Kickstarter-Version und einer »zahmeren« E-Starter-Version. Schon länger eine Art »Geheimtip« für die Anhänger des E-Starters ist die Honda XR 650 R mit dem Fahrwerk der XR-Modelle und dem elektrisch gestarteten Triebwerk der Dominator.

Zweizylinder

Wer glaubt, BMW käme der Verdienst zu, den ersten Zweizylinder-Motor in eine Enduro verpflanzt zu haben, der irrt. Der erste Honda-Scrambler, die CL 72 von 1962 ist ein Parallel-Twin mit 250 cm³ Hubraum.

Dennoch braucht es beinahe 20 Jahre, bis der Markt eine Zweizylinder-Enduro tatsächlich akzeptiert. Der klassische BMW Zweiventil-Boxer findet (mit durchschlagendem Erfolg) Eingang in den Enduro-Markt. Bis auf eine erleichterte Schwungscheibe unterscheidet sich der Motor der R 80 G/S in nichts von den Straßen-Boxern. 1987 legt BMW noch nach und bringt die R 100 GS mit 1000 cm³ Hubraum.

Andere Hersteller bemühen sich mehr oder weniger erfolgreich ebenfalls im von BMW beherrschten Markt der Zweizylinder-Endu-

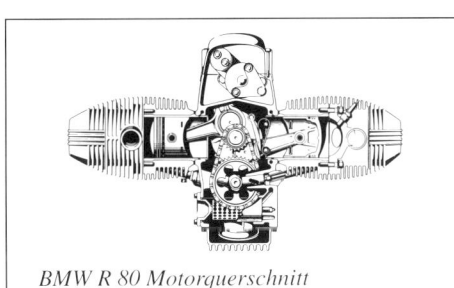

BMW R 80 Motorquerschnitt (Graphik: BMW)

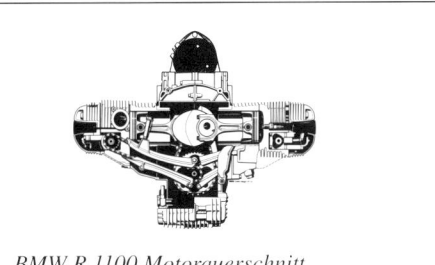

BMW R 1100 Motorquerschnitt (Graphik: BMW)

Nur Ewiggestrige werden das als Zeichen sportlicher Minderwertigkeit sehen, zumal auch bei den Hard-Enduristen unter den Herstellern laut darüber nachgedacht wird, schon in nächster Zukunft auf den Kickstarter zu verzichten. Schließlich ist der Kickmechanismus als Männlichkeits-Symbol längst überholt.
Norbert Bauer, in: Enduro 12/95

ros. Honda setzt auf flüssigkeitsgekühlte V-Twins in Längsrichtung. Der erste Versuch XLV 750 floppt (45° Zylinderwinkel). Für die Transalp (600 cm³) und die Africa Twin (650 cm³, später 750 cm³) wird der V-Twin aus dem Tourenmodell VT 500 mit 52° Zylinderwinkel entlehnt.

Andere längs eingebaute V-Motoren kommen ebenfalls aus Italien: in der Moto Morini Camel (350 cm³ und 500 cm³) und in den Cagiva Elefanten (750 cm³ und 900 cm³). Cagiva setzt auf den legendären Ducati Twin mit 90° Zylinderwinkel und desmodromischer Ventilsteuerung.

Auf den klassischen, quer eingebauten 90° V-Twin setzt Moto Guzzi mit im Laufe der Zeit mehreren Modellen bis hin zur aktuellen 1000 cm³ Quota mit Weber-Marelli Saugrohr-Einspritzung.

Einen 750 cm³ Parallel-Twin in modernster Fünfventil-Technik bringt Yamaha mit der XTZ 750 Super Ténéré.

Ein Parallel-Twin treibt auch die Laverda OR 600 Atlas.

Die Krone in Sachen Hubraum erhält dann 1993 BMW für die R 1100 GS. Der neue ölgekühlte Vierventil-Boxer ist der erste Enduro-Motor mit digitalem Motormanagement in Form der Bosch Motronic MA 2.2.

Überboten wird die BMW nur noch in Sachen Zylinderanzahl – von der Triumph Tiger 900 mit Dreizylinder-Reihenmotor.

BMW-Sekundär-Luftsystem (Foto: BMW)

Bei den klassischen Zweiventil-Boxern sorgt seit 1990 das technisch simple Sekundär-Luftsystem SLS für eine Schadstoff-Reduktion. Durch Nachverbrennung reduzieren sich die Abgas-Emissionen bei Kohlenwas-

Umweltbewußtsein

Abgasentgiftung

Ein geregelter Dreiwege-Katalysator, bei neuen Automobilen längst Standard, ist auch für die BMW R 1100 GS Serienausstattung. Die Motorelektronik macht's möglich. Überhaupt hat BMW das Thema Abgasentgiftung zum Werbeargument gemacht, dem die Konkurrenz kaum etwas entgegenzusetzen vermag. Die F 650 enthält serienmäßig einen ungeregelten Katalysator.

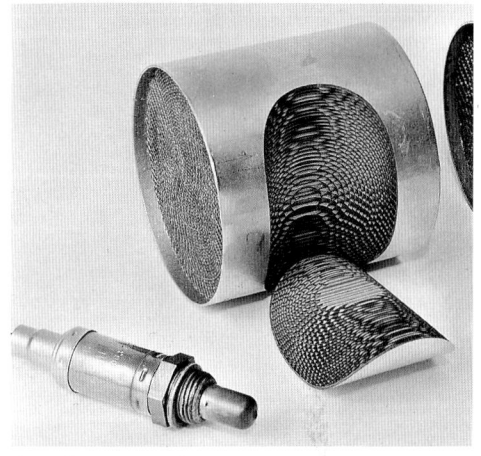

Ausschnitt geregelter Dreiwege-Katalysator und Lambda-Sonde (Foto: BMW)

serstoffen um etwa 30 Prozent und bei Kohlenmonoxid um etwa 40 Prozent.
Einen ungeregelten Katalysator gibt es serienmäßig auch bei der Triumph Tiger 900. Obwohl die Bundesregierung abgasentgiftete Motorräder steuerlich nicht bevorzugt, ist vielen Enduristen das gute Gewissen ein ordentlicher Mehrpreis wert.

Lärmentwicklung
Nicht nur die Abgase, auch die Geräusch-Entwicklung fallen in die Rubrik unerwünschte Emissionen. Unschwer lassen sich an einer Enduro drei Geräuschquellen ausmachen: Auspuffgeräusch, Motorengeräusch und Abrollgeräusch der Reifen.
Das Auspuffgeräusch läßt sich durch geeignete Schalldämpfer noch vergleichsweise einfach regeln, sofern der Fahrzeugbesitzer hier nicht dazwischenfunkt. Denn aufgrund allerneuester Geräusch-Vorschriften haben aktuelle Modelle eines bestimmten Typs häufig weniger Leistung als ältere Modelle. Die Versuchung, hier ein wenig nachzuhelfen, ist groß ...
Das Abrollgeräusch der Reifen läßt sich durch entsprechend optimierte Profile minimieren.
Größeren konstruktiven Aufwand erfordert die Verringerung des Motorengeräuschs. Teilverkleidungen und Flüssigkeitskühlungen scheinen dafür gute Voraussetzungen zu sein. Eine der ersten auffallend leisen Enduros dieser Art ist die Honda XL 600 V Transalp.

Lärmvermeidung als Auftrag
Welcher Aufwand heute bei der Neukonstruktion eines Motors nötig ist, zeigt dieser Text aus dem Hause Bombardier-Rotax über die Lärm-Optimierung bei der Entwicklung des Motors für die Aprilia Pegaso 650 (zur Verfügung gestellt von A&G):
Neben den rein konstruktiven Möglichkeiten, die Lärmentwicklung des Motors schon bei der Auslegung zu berücksichtigen, gab es im Laufe der Entwicklung immer wieder Phänomene, zu deren Lösung erheblicher Entwicklungsaufwand erforderlich wurde.
Um die Geräuschemissionen des Motors reduzieren zu können, sind vor allem zuerst die Geräuschquellen zu lokalisieren. Dies erfolgte, soweit es möglich war, durch Komponentenausbau, Geräuschmessung und anschließenden Vergleich der Einflüsse der einzelnen Bauteile auf die Gesamtemission.
Das Geräusch von Zylinder und Zylinderkopf ist infolge der Wasserkühlung relativ niedrig, es konnte aber durch einige konstruktive Maßnahmen noch zusätzlich verbessert werden. Der in den Zylinder gelegte Steuerschacht wurde besonders dickwandig ausgeführt, dadurch wurde die Steifigkeit erhöht und eine gute Lärmdämmung der Steuertriebsgeräusche erreicht. Am Zylinderkopf erhielt der Steuerschacht eine Wabenstruktur, dies führte ebenfalls zu guter Dämpfung der Steuergeräusche. Das Geräusch des Ventiltriebs besteht aus Schlaggeräuschen der Ventile. Diese wurden durch ein optimiertes Nockenprofil minimiert. Durch den Gebrauch einer laufruhigen Zahnkette und Acrylnitril-Kautschuk-armierter Kettenführungselemente wurde die Geräuschemission des Steuertriebs reduziert.
Die Steifigkeit der Kurbelwelle und des Kurbelgehäuses hat beachtliche Auswirkung auf die Geräuschemission. Zu geringe Steifigkeit der Kurbelwelle würde selbstangeregte Biege- und Torsionsschwingungen in der Kurbelwelle verursachen. Diese Vibration wird auch auf das Kurbelgehäuse übertragen und von dort an die Umgebung abgestrahlt.
Die Kolben wurden ebenfalls in Bezug auf geringe Lärmentwicklung durch optimierte Schaftform, Schliffbild (Nockenform) und Einbauspiel verbessert.
In der Antriebseinheit wird das emittierte Geräusch in erster Linie vom Primärtrieb, dem Steuervorgelege und den Getrieberädern verursacht. Durch verbesserte Präzision, vergrößerte Überdeckung und verringer-

tes Flankenspiel, welche durch geschliffene Zahnflanken und Paarung nach Toleranzklassen bei Primär- und Steuertrieb erreicht wurde, konnte eine Minderung der Geräuschemissionen erzielt werden. Ebenfalls positiv auf die Lärmentwicklung wirkte sich die gefederte Kupplung aus. Untersuchungen zeigten, daß eine ungefederte Kupplung um ca. 2 dB lauter ist.

Das Geräusch, das durch die Deckel verursacht wird, besteht hauptsächlich aus der Schallabstrahlung, die durch Schwingung der Deckel selbst entsteht. Durch Steifigkeitsoptimierung und verringerte Abstrahlfläche konnte auch hier die Geräuschabstrahlung vermindert werden.

Vorderrad-Aufhängung

In der Technikgeschichte des Motorrads erfährt die Aufhängung des Vorderrads schon früh die Aufmerksamkeit der Konstrukteure. Hier geht es nur in zweiter Linie um den Komfort für den Fahrer, sondern in erster Linie darum, die Lenkbarkeit des Fahrzeugs in allen Situationen zu erhalten.

Tauchgabel (Telegabel)

Die Tauchgabel ist ein Kind der dreißiger Jahre und wurde 1935 im Hause BMW zur bekannten langhubigen Teleskopgabel weiterentwickelt, daher auch der verbreitete Name »Telegabel«.

Die klassische Tauchgabel besteht aus den beiden Standrohren, die in der Gabelbrücke festgeklemmt sind. Innerhalb der Standrohre befindet sich je eine Schraubenfeder. Die Standrohre gleiten in den beiden Tauchrohren, an deren unteren Ende eine hohlgebohrte Dämpferstange verschraubt ist. Das Standrohr bewegt sich mit einem Kolben auf dieser Dämpferstange, durch Ventilbohrungen fließt das Dämpferöl hin und her.

Die einzig starre Verbindung zwischen den Tauchrohren bildet die geklemmte Radachse.

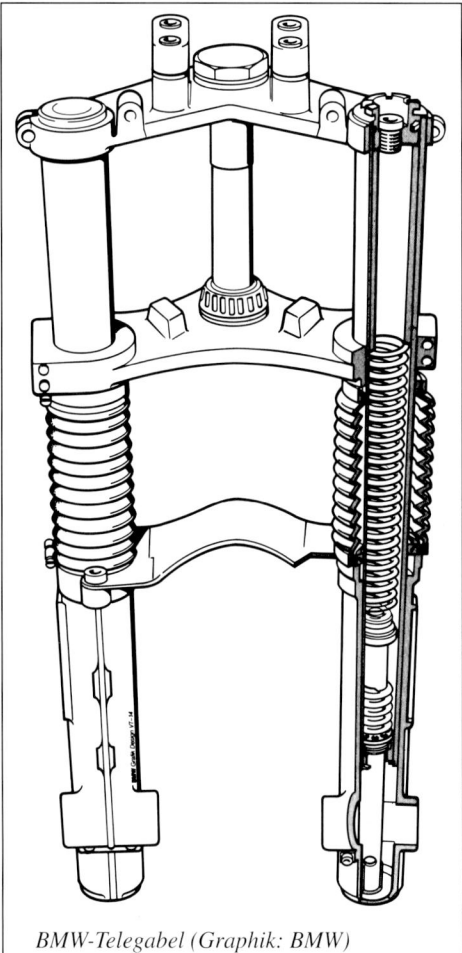

BMW-Telegabel (Graphik: BMW)

Es ist leicht einzusehen, daß diese Kombination nicht sehr verwindungssteif ist. Werden für den Geländebetrieb auch noch lange Federwege erforderlich, gelangt die Tauchgabel noch schneller an ihre Grenzen als im reinen Straßenbetrieb.

Eine häufig nachgerüstete Versteifung der Tauchgabel ist daher der sogenannte Gabelstabilisator, der eine zusätzliche starre Verbindung oberhalb des Rades zwischen beiden Tauchrohren schafft.

Eine unangenehme Eigenschaft der Tauchgabel ist, beim Bremsen besonders einzutauchen und damit Federwirkung zu verlieren.

Upside-Down-Gabel

Eine Möglichkeit, die Tauchgabel zu stabilisieren, bietet das Konzept der Upside-Down-Gabel. Wie der Name schon sagt, handelt es sich um eine »auf den Kopf« gestellte Tauchgabel. Hier werden die Tauchrohre im Lenkkopf festgeklemmt, die Standrohre zeigen nach unten.

Als Nachteile sind zu nennen: hohes Gewicht, hoher Preis, außerdem sind die empfindlichen Gleitflächen der Standrohre durch die tiefe Lage besonders Schmutz und Steinschlag ausgesetzt. Die Firma White Power liefert Upside-Down-Gabeln zum Austausch gegen die Seriengabel. Zu Beginn der Neunziger gibt es einen gewissen Trend zu dieser Bauform, der aber als offensichtliche Modeerscheinung abflaut. Großserien-Enduros mit Upside-Down-Gabel sind die Kawasaki KLX 650 (1993) und die Suzuki DR 350 SHC (1992).

KTM mit Upside-Down-Gabel

Gabel einstellen

Wer mit dem Verhalten seiner Tauchgabel unzufrieden ist, hat nur in geringfügigem Umfange die Möglichkeit, einzugreifen.

Eingesetzte Hülsen erlauben es, die Vorspannung der Gabelfeder zu modifizieren. Eine Alternative ist es, die gesamte Feder zu tauschen. Gabelfedern liefern Hersteller wie Öhlins, White Power und Wirth.

Eine »bastelfreie« Modifikationsmöglichkeit bieten nur luftunterstützte Gabeln an. Durch zusätzlich eingepumpte Luft läßt sich die Federprogression beeinflussen.

Die Dämpfung der Gabel läßt sich durch Austausch des Gabelöls gegen Öl anderer Viskosität beeinflussen.

Praktischer ist natürlich eine Verstellmöglichkeit von Druck- und Zugstufen-Dämpfung, wie sie aber nur bei sehr hochwertigen Gabeln (zum Beispiel von White Power) gegeben ist.

Schwingengabel

Obwohl gewissermaßen der »Erfinder« der Tauchgabel, stattet sogar BMW seine Motorräder in den fünfziger und sechziger Jahren mit geschobenen Langarmschwingen aus, weil sie vom Federungskomfort und Bremsverhalten der Tauchgabel damals überlegen sind. Schwingengabeln sind zu dieser Zeit auch im MotoCross üblich. Im Gegensatz zur Tauchgabel leidet die Schwingengabel nicht unter dem Eintauchen beim Bremsen.

Trotzdem kehrt man bei BMW später zur Tauchgabel zurück. Die Gründe dafür sind vielfältig. Eine wesentliche Rolle spielt aber die Tatsache, daß der Nachlauf bei der Langschwinge sehr groß ist und die Motorräder unhandlich macht.

Heute werden Schwingengabeln nur noch bei Rollern und Gespannen verwendet.

Alternativen

Ein besonderer konstruktiver Nachteil der Tauchgabel (ebenso wie der Schwingengabel) darf nicht unerwähnt bleiben: Ihre einzige Verbindung zum übrigen Motorrad besteht im Lenkkopf. Alle vom Vorderrad auf das Fahrwerk einwirkenden Kräfte müssen über den Lenkkopf in den Rahmen eingeleitet werden. Entsprechend belastet ist das Lenkkopflager, entsprechend dimensioniert muß der Lenkkopf sein.

Seit Erfindung des Motorrads gibt es genügend Versuche, durch grundsätzlich andere Konstruktionen diesem Mangel abzuhelfen. Zu diesen Versuchen gehört auch die Achsschenkellenkung, im Bereich der Straßenrennen und bei Motorrad-Gespannen ist diese Art der Vorderrad-Aufhängung und Lenkung bereits voll akzeptiert.

Anders ist die Situation bei den übrigen Motorrädern. Hier kämpft die Achsschenkellenkung mit ihrer gewöhnungsbedürftigen Optik (noch?) auf verlorenem Posten. Der Mißerfolg der Yamaha GTS 1000 bei den Tourenmaschinen ist beredtes Beispiel.

Telelever

Um so mehr erstaunt es, wenn sich ein Großserien-Hersteller wie BMW traut, eine neue Fahrzeugreihe mit einem neuartigen Gabelkonzept ins Rennen zu schicken. Das tut BMW 1992 mit der neuen Baureihe der Vierventil-Boxer. Ein Jahr später liefert BMW auch die Enduro R 1100 GS mit Telelever aus. Abgesehen von den technischen Vorteilen ist es wohl der Tauchgabel-ähnlichen Optik zu verdanken, daß der Markt diese Konstruktion angenommen hat.

Wie bei der Tauchgabel gibt es auch beim Telelever Stand- und Tauchrohre. Diese haben aber weder Feder- noch Dämpferfunktion. Sie übertragen lediglich die Lenkbewegung vom Lenker zum Vorderrad.

Beide Tauchrohre sind über eine Gabelbrücke miteinander verbunden. Diese Gabelbrücke ist über ein Kugelgelenk drehbar mit einem Längslenker verbunden. Am Lenkkopf ist die Gabelbrücke in einem Wälzlager im Rahmen gelagert.

BMW-Telelever 1993 (Graphik: BMW)

Sämtliche Feder- und Dämpfungsfunktionen werden von einem klassischen Federbein übernommen, das den Längslenker gegen den Rahmen abstützt. Der Längslenker selbst stützt sich gegen das Motorgehäuse ab. Der Telelever erreicht so eine völlige Trennung von Lenkung und Federung. Auch das Eintauchen beim Bremsen ist beim Telelever minimiert.

Federbeine

Beim Auto kennt man Federn und Stoßdämpfer als voneinander getrennte Bauteile. Bei Motorrädern werden sie zu »Federbeinen« kombiniert.

Ihre Aufgabe besteht, vereinfacht ausgedrückt, aus zwei Dingen. An erster Stelle sollen Unebenheiten abgefangen werden, damit das Fahrzeug nicht unruhig, unbequem und damit letztlich unfahrbar wird. An zweiter Stelle gilt es, möglichst dauerhaften Kontakt zwischen Rad und Untergrund zu erhalten, damit der Kraftschluß erhalten bleibt.

Feder

Federn sind heute ausschließlich Schraubenfedern aus Federstahl. Ihre Eigenschaften werden durch die Länge der (entspannten) Feder und deren Federrate bestimmt. Die Federrate ist die Kraft, die aufgewendet werden muß, um die Feder um eine bestimmte Länge auseinander zu ziehen.

Federn können gleichmäßig gewickelt sein oder progressiv. Bei den progressiv gewickelten Federn erhöht sich die Dichte der Federwindungen. Dadurch wird bei höheren Belastungen eine stärkere Federwirkung erzielt (»Progression«). Weitere Möglichkeiten bestehen darin, die Feder aus konischem Draht zu wickeln oder zwei Federn unterschiedlicher Stärke in einem Federbein zu kombinieren.

Gasfedern

Bei Gasfedern ersetzt komprimierte Luft die Schraubenfeder aus Stahl. Federbeine nach dieser Bauart liefert Fournales. Diese Federbeine lassen sich mit Drücken bis zu 45 bar aufpumpen!

Ihre Vorteile sind dreifach: niedriges Gewicht (Stahlfeder entfällt), leichte Einstellbarkeit durch Luftpumpe, einfach zu reinigen (glattflächig). Allerdings bieten diese Federbeine keine Möglichkeit, die Dämpfung zu beeinflussen.

Dämpfer

Wie der Name sagt, ist es die Aufgabe des Dämpfers, das federnde Auf und Ab der Feder zu dämpfen. Als Druckstufen-Dämpfung bezeichnet man die Dämpfung beim Einfedern. Sie verhindert auch ein »Durchschlagen« des Federbeins. Als Zugstufen-Dämpfung bezeichnet man die Dämpfung beim Ausfedern.

Heute werden ausschließlich hydraulische Dämpfer eingesetzt. Die einfachste Form des hydraulischen Dämpfers ist der Zweirohrdämpfer, wie er beispielsweise in Koni-Federbeinen zu finden ist. Die Kolbenstange des Dämpfers bewegt einen Kolben, der sich im inneren Rohr bewegt. Bohrungen in diesem Kolben sorgen für einen genau begrenzten Öldurchlaß, der die Dämpfung der Bewegung ergibt. Durch das Eindringen der Kolbenstange in den Dämpfer wird ein Teil des Ölvolumens verdrängt: Durch ein Ventil im Boden des inneren Rohrs gelangt das verdrängte Öl in das äußere Rohr, das zum Volumenausgleich Luft enthält – Luft ist komprimierbar. Aufgrund der Trennung der Luft im Außenrohr vom sich bewegenden Kolben im Innenrohr wird ein Aufschäumen des Öls vermieden.

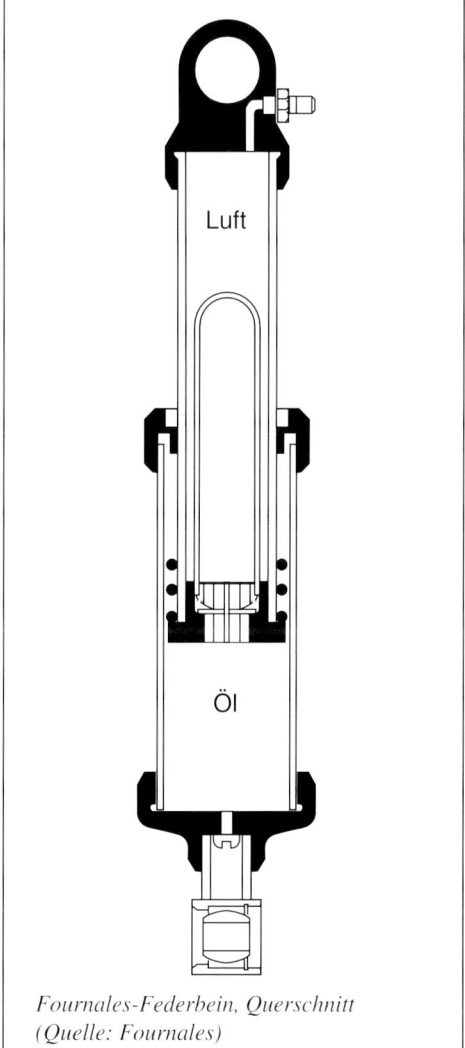

Fournales-Federbein, Querschnitt (Quelle: Fournales)

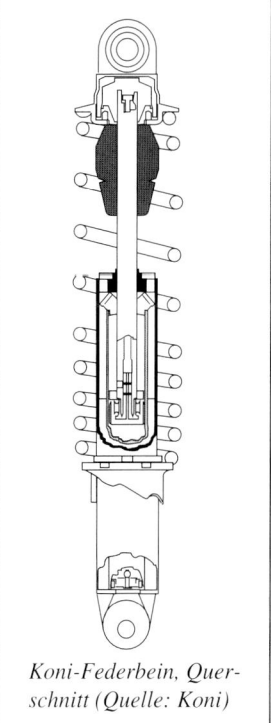

Koni-Federbein, Querschnitt (Quelle: Koni)

30 Technik

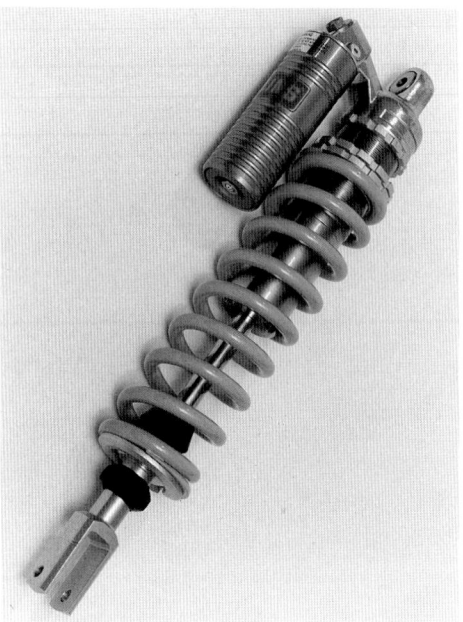

Öhlins Federbein (Foto: Öhlins)

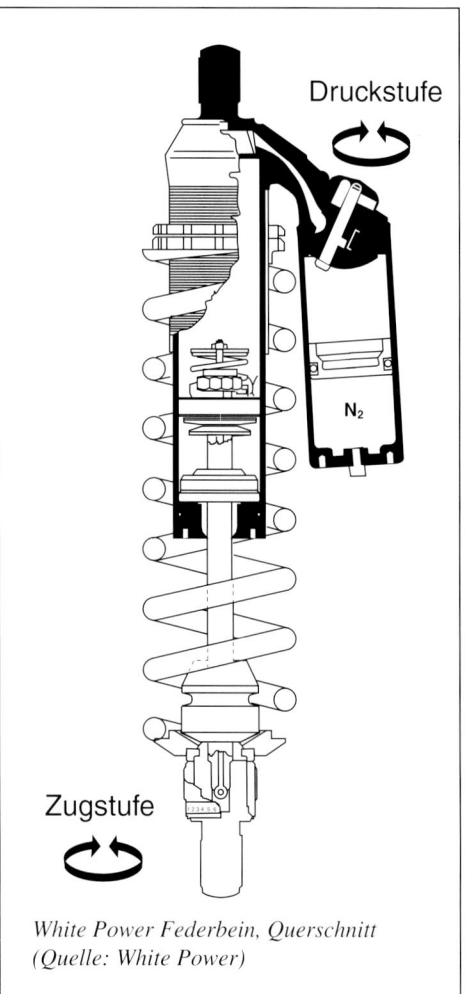

White Power Federbein, Querschnitt (Quelle: White Power)

Hydraulische Dämpfer sind im Laufe der Zeit nachhaltig verbessert worden. Außenliegende Öl-Ausgleichsbehälter verhindern ein starkes Aufheizen des Öls (besonders wichtig im Geländesport!).

Bei Einrohr-Dämpfern nach dem De-Carbon-Prinzip ist der Ölraum vom Gasraum im Ausgleichsbehälter vollständig getrennt.

Nach diesem Prinzip arbeiten die einst so beliebten Marzocchi-Federbeine, bei denen das Luftpolster durch eine Neoprenhülle gegenüber dem Dämpferöl abgeschlossen ist. Von außen läßt sich durch Aufpumpen der Gesamtdruck des Systems beeinflussen.

Bei White Power-Federbeinen ist für den Volumenausgleich Stickstoff-Gas zuständig, das durch einen Kolben im Ausgleichsbehälter vom Dämpferöl getrennt ist.

Öhlins-Federbeine arbeiten ebenfalls mit Stickstoff und sind teilweise nach dem De-Carbon-Prinzip, teilweise als Einrohr-Dämpfer mit Öl-Stickstoff-Emulsion konzipiert.

Die richtige Einstellung des Federbeins

Die Einstellung eines Federbeins wird durch vier Werte bestimmt, die verändert werden können: Federstärke, Federvorspannung, Zug- und Druckstufendämpfung.

Die Federstärke ist durch die mitgelieferte Feder vorgegeben. Eine Veränderung wäre nur durch Austausch der Feder möglich. Das kann viel preisgünstiger als ein komplett neues Federbein sein. Voraussetzung ist aber, daß der Hersteller des Fahrzeugs oder des Federbeins solche Federn liefert.

Ein grundsätzliches Mißverständnis besteht in dem Glauben, durch Verändern der Federvorspannung würde eine Feder »härter« oder »weicher«. Tatsächlich beeinflußt die Vorspannung nur den nutzbaren Federweg.

Federvorspannung

Zur richtigen Einstellung der Federvorspannung zunächst bei kaltem Federbein den »statischen« Negativfederweg bestimmen:

1) Das Motorrad so aufstellen, daß das Hinterrad frei hängt.
2) Den Abstand zwischen der Hinterachse und einem Bezugspunkt am hinteren Fahrgestell (zum Beispiel eine Befestigungsschraube des Schutzblechs) messen.
3) Das Motorrad auf den Boden stellen und Federung einige Male auf und nieder bewegen.
4) Motorrad gerade halten und erneut den Abstand zwischen der Hinterachse und dem Bezugspunkt messen.

Die Differenz zwischen beiden Werten ergibt den statischen Negativfederweg. Dieser beträgt bei White Power zwischen 15 und 20 mm. Nur innerhalb dieses Bereichs darf später die Federvorspannung variiert werden! Um festzustellen, ob die Feder zu hart oder zu weich ist, den dynamischen Federweg bestimmen:

1) Der Fahrer setzt sich (in voller Montur) auf das Motorrad, die Füße auf den Rasten. Eine zweite Person hält das Motorrad.
2) Eine weitere Person mißt wieder den Abstand zwischen Hinterachse und dem Bezugspunkt.

Federweg messen (Graphik: White Power)

Die Differenz zwischen dieser Messung und der ersten Messung ist der »dynamische« Negativfederweg. Als Faustregel gilt, daß der dynamische Negativfederweg 25 – 30 % des gesamten Federwegs betragen sollte.

Bei White Power sollten dies zwischen 90 und 100 mm sein. Beträgt (bei einem statischen Negativfederweg von 15 mm) der Wert 80 mm oder weniger, ist die Feder zu weich (Vorspannung erhöhen!). Beträgt (bei einem statischen Negativfederweg von 15 mm) der Wert 110 mm oder mehr, ist die Feder zu hart (Vorspannung verringern!).

Federvorspannung verändern

In der »guten alten Zeit« findet der Fahrer an den Federbeinen seines Motorrads (zum Beispiel bei BMW) einen Hebel, der auf eine Stellhülse wirkt. Mit dessen Hilfe verstellt er die Federvorspannung durch einen simplen Handgriff. Bei anderen Konstruktionen läßt sich die Stellhülse durch einen Hakenschlüssel bewegen.

Bei hochwertigen Federbeinen von heute ist alles besser – und vor allem komplizierter. Die Feder wird durch einen Federteller gehalten, der mit einem weiteren Federteller gekontert ist.

Zur Verstellung der Federvorspannung ist das Federbein auszubauen. Mit einem Hakenschlüssel zuerst den konternden Teller lösen. Dann mit Hilfe des Hakenschlussels den ersten Federteller um nicht mehr als einige Millimeter verstellen. Anschließend wieder kontern!

Niemals Schraubendreher, Hammer oder anderes Werkzeug verwenden! Das Federbein ist ein Präzisions-Bauteil, der Dämpfer könnte dadurch zerstört werden.

Das Federbein auszubauen kann, je nach Schwingenkonstruktion, zu einer zeitraubenden Angelegenheit werden. Die Federvorspannung rasch wechselnden Belastungsverhältnissen (z. B. mit oder ohne Sozius, mit oder ohne Gepäck) anzupassen, ist daher nahezu unmöglich.

Um die Verstellbarkeit der Federvorspannung bei modernen Federbeinen wieder zu vereinfachen, gibt es Federbeine mit hydraulisch zu beeinflussender Vorspannung (z. B. serienmäßig bei der BMW R 1100 GS oder zum Nachrüsten von Öhlins).

Dämpfung einstellen
Nicht selten ist es bei einfachen Serien-Federbeinen überhaupt unmöglich, die Dämpfung zu beeinflussen. Andere Federbeine lassen zwar eine »Dämpfungseinstellung« zu, doch nicht getrennt nach Druck- und Zugstufe. Nur hochwertige Federbeine erlauben es, Druck- und Zugstufe getrennt einzustellen. White Power empfiehlt, nicht ohne weiteres von der Standardeinstellung abzuweichen. Wer sich dennoch auf die Suche nach der »optimalen« Einstellung begeben möchte, gehe folgendermaßen vor:
1) 15 Minuten in Standardeinstellung fahren.
2) Druckstufe weich einstellen, fahren.
3) Druckstufe mehrere Positionen härter einstellen, um den Unterschied deutlich zu spüren, fahren.
4) Zurück zur Standardeinstellung, fahren.
5) Einstellung in Einzelschritten variieren, fahren.
6) Ist die »ideale« Einstellung gefunden, entsprechend mit der Zugstufe fortfahren.
Grundsätzlich gilt: Niemals mehrere Werte zugleich verändern. Immer die gleiche Teststrecke befahren!
White Power gibt folgende Richtlinien für die Dämpfungseinstellung an:
– Zu wenig Druckstufe: Durchschlagen, geringe Fahrhöhe, schwieriges Kurvenverhalten, instabiles Gefühl.
– Zu viel Druckstufe: massiges, sprödes Gefühl, schöpft nicht den vollen Federweg aus, große Fahrhöhe, Abkippen in Kurven, unruhiges Hinterrad.
– Zu wenig Zugstufe: flatternd, Hochschlagen bei Löchern, große Fahrhöhe.
– Zu viel Zugstufe: massiges Gefühl beim Befahren von Löchern kurz nacheinander, niedrige Fahrhöhe, schlechte Traktion.
In Abhängigkeit von der Streckenbeschaffenheit empfiehlt White Power folgende Dämpfungseinstellungen:

	Druckstufe	Zugstufe
weich und uneben	+	++
weich und glatt	+	+
hart und uneben	o	–
hart und glatt	+	–
+ = mehr Dämpfung,		
– = weniger Dämpfung,		
o = keine Änderung		

Lesen
Die Anweisungen wurden (leicht modifiziert) dem »Shock Absorber Manual« von White Power entnommen. Diese vorbildliche Gebrauchsanweisung liegt jedem Federbein von White Power bei.

Hinterrad-Aufhängung

Anders als der Vorderrad-Aufhängung wird der Hinterrad-Aufhängung in der Technikgeschichte des Motorrads erst später Aufmerksamkeit zuteil. Tatsächlich rollt das Hinterrad aber nicht einfach hinterher, sondern es muß die Kraft des Motors in Vortrieb auf dem Untergrund umwandeln. Wo könnte das wichtiger sein als im MotoCross? Es ist daher kein Wunder, daß die wichtigsten Impulse für neuartige Hinterrad-Aufhängungen aus dem Geländesport kommen.

Gezogene Langschwinge
Seit Jahrzehnten ist im Motorradbau die gezogene Langschwinge Standard für die Aufhängung des Hinterrads. In der klassischen Konstruktion dreht sich das Rad in zwei Schwingenarmen aus Rundrohr, die sich über zwei Federbeine gegen das Rahmenheck abstützen.

Die meisten Sorgen bereitete den Konstrukteuren die Hinterradfederung. Viele Geländefahrer zogen damals ein unabgefedertes Hinterrad vor, das ihnen bessere Möglichkeiten bot, die Maschine präzise unter Kontrolle zu halten. Beim MotoCross hat sich diese Anordnung jedoch nicht bewährt. Bei jedem Aufkommen nach einem Sprung mußte der Rennfahrer entsetzliche Stöße hinnehmen, die auf die Dauer vielleicht noch er, nicht aber die Felge und die Radspeichen aushielten.
Pavel Husák, in: Das große Buch vom MotoCross, Stuttgart 1986

Hinterrad-Aufhängung

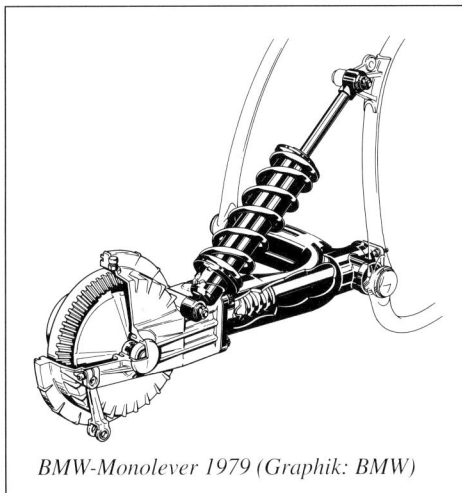

BMW-Monolever 1979 (Graphik: BMW)

Monolever

Als bei BMW 1979 die erste Enduro auf dem Reißbrett entsteht, geht es vor allem um Gewichtsersparnis. Daher will BMW ein Monoshock-System mit nur einem Federbein verwenden und am besten noch auf den zweiten Schwingenarm verzichten.

So entsteht das inzwischen legendäre Monolever. Der einzelne Schwingenarm aus Stahlrohr mit innenliegender Antriebswelle stützt sich über ein Federbein ab. Das Hinterrad ist ohne Radlager direkt auf das Tellerrad des Hinterradantriebs geschraubt.

Die Konstruktion gilt zunächst als sensationell. Sie beweist dann ihre Verwindungssteife und Standfestigkeit in der Großserie. Den Fahrer entzückt sie vor allem wegen des unerreicht einfachen Hinterrad-Ausbaus.

Paralever

Der Paralever ist eine Weiterentwicklung des Monolever. Diese Weiterentwicklung wird für BMW unerläßlich, um die systemimmanenten Lastwechsel-Reaktionen des Kardanantriebs zu minimieren. Was dann auch 1987 gelingt.

Die Antriebswelle erhält ein zweites Kardangelenk, daher auch die Bezeichnung »Doppelgelenkschwinge«. Die Welle selbst dreht sich in einem Schwingenarm aus Leichtmetall-Guß. Das Gehäuse des Hinterrad-Antriebs stützt sich über eine Momentabstützung am übrigen Motorrad ab. BMW gibt an, daß die sogenannte »Parallelogrammführung« durch die Doppelgelenkschwinge die Lastwechselreaktionen zu 70 % ausgleicht – daher der Name Paralever.

1994 wird in der R 1100 GS das Federbein erstmalig als Zentralfederbein eingebaut.

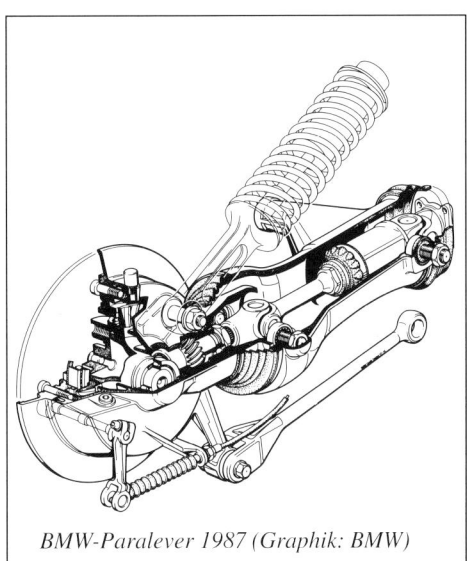

BMW-Paralever 1987 (Graphik: BMW)

Cantilever

Zu Beginn der siebziger Jahre sucht Yamaha nach einer Möglichkeit, durch ein Monoshock-System Gewicht zu sparen. Die Japaner bedienen sich dabei eines belgischen Patents für ein Zentralfederbein-System.

Die enorm verwindungssteife Schwinge ist dabei dreiecksförmig ausgebildet und stützt sich über ein waagerechtes, unter dem Tank liegendes Federbein am Rahmen ab. Yamaha setzt diese Schwinge 1973 erstmals im MotoCross ein, mit überwältigendem Erfolg.

Fünf Jahre später, 1978, erscheint die DT 400 MX als erste Serienmaschine mit Cantilever. Der Cantilever krankt jedoch, insbesondere im Geländebetrieb, an der thermisch proble-

Erste Erfahrungen mit dem Cantilever
Das erste Mal in meinem Leben, das gebe ich zu, fing ich an, die härtesten Strecken auf dem Ring zu suchen, nur um zu sehen, was wohl passiert. Besonders hielt ich nach Löchern Ausschau, und zwar auf Geraden, wo ich so richtig aufschreien konnte. Je größer der Hügel und je höher die Geschwindigkeit, desto besser fühlt sich der Monoshock an. Es ist unheimlich.
Natürlich muß es eine Grenze für die Federung geben; ich habe sie nicht gefunden. Der Monoshock ist in der Lage, rauhes Gelände schneller zu überwinden, als mein Verstand dies zulassen wollte. Mit anderen Worten: Auf jeder anderen Maschine, die ich je gefahren bin, hätte diese Kombination aus Hügeln und gefahrener Geschwindigkeit garantiert den Abgang über den Lenker bedeutet.
Bob Atkinson, in: World's First Impression: Yamaha Works 250 Monoshock, Cycle World July 1974

matischen Unterbringung des Federbeins. Im Windschatten des Motors, dessen Hitze ungeschützt ausgesetzt, muß der Dämpfer Schwerstarbeit leisten.

Umlenkhebel-Systeme
Yamahas Sporterfolge lassen die anderen japanischen Hersteller natürlich nicht ruhen. Wegen des Patentschutzes verbietet sich ein bloßer Nachbau des Cantilever.
Kawasaki macht aus der Not eine Tugend und erfindet bei der Gelegenheit das erste Zentralfederbein-System mit Umlenkhebeln für eine veränderliche Progression der Dämpfung, das Uni-Trak (1979).
Honda kommt 1980 mit einem eigenen Umlenkhebel-System, dem Pro-Link. Das Federbein ist gegenüber dem Uni-Trak umgekehrt, die Hebelei kürzer und weniger anfällig.
Noch im gleichen Jahr präsentiert Suzuki sein Floating Suspension System (Full Floater): Zwei Umlenkhebel, von zwei Zugstangen betätigt, wirken über eine rahmenbreite Achse auf das Federbein.
1981 verabschiedet sich dann Yamaha vom Cantilever und überrascht mit einem überarbeiteten Monocross-Umlenkhebel-System.
Mit etwas Verspätung haben alle diese Systeme Verwendung in den Großserien-Enduros und Straßen-Sportlern der japanischen Hersteller gefunden.

Geht's auch ohne Hebelei?
Das Umlenkhebel-System hat einige unbestreitbare Vorteile: geringes Gewicht, niedriger Schwerpunkt des Fahrzeugs und natürlich die durch die Hebelei bedingte Progressivität von Federung und vor allem Dämpfung.
Dem stehen einige Nachteile gegenüber. Die Hebelei ist, nahe der Schwingenlagerung, dem Pistendreck ziemlich ungeschützt ausgesetzt. Lager und Federbein erfordern mehr Pflege als bei konventioneller Anordnung, die sie beim Hobbyfahrer, wenn überhaupt,

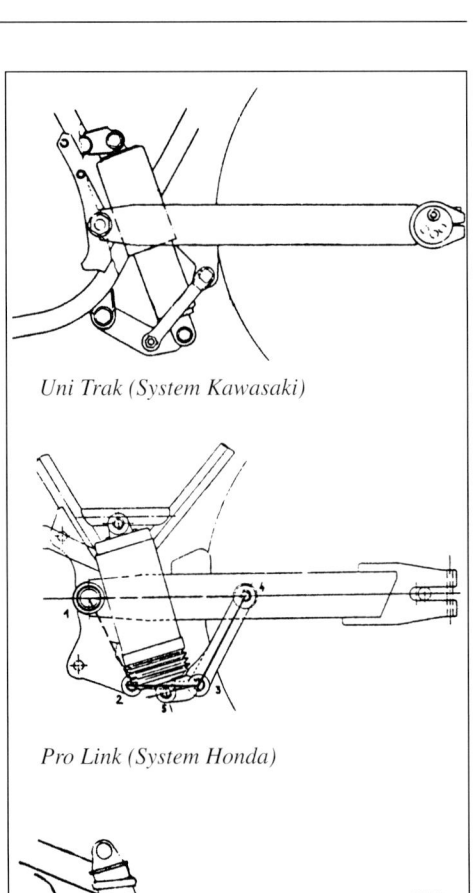

Uni Trak (System Kawasaki)

Pro Link (System Honda)

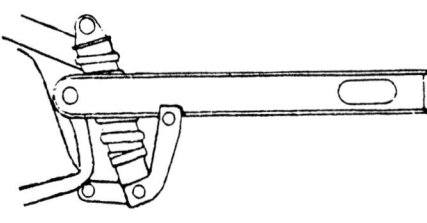

Mono Cross (System Yamaha)

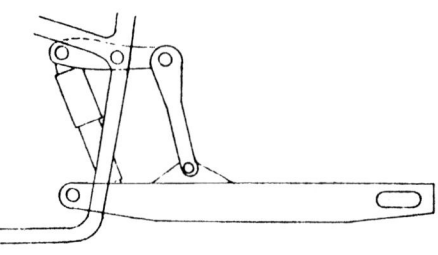

Full Floater (System Suzuki)

meist nur in Form einer Hochdruck-Reinigung erfahren. Nicht zuletzt ist die ganze Angelegenheit auch ziemlich teuer in der Fertigung. Gelänge es, die gewünschte Progression nicht nur der Federung, sondern auch der Dämpfung in einem »normalen« Federbein zu realisieren, könnte auf die Hebelei verzichtet werden.

Nichts für kleine Leute?
Wegen der langen Federwege sind Enduros von Natur aus hochbeinig. Klein gewachsene Mitmenschen können damit zuweilen Probleme haben, insbesondere, wenn sie nicht zu den ausgesprochenen Könnern zählen. Immerhin gewinnt der nur 1,64 m große Gaston Rahier dreimal die MotoCross-Weltmeisterschaft in der 125 cm³-Klasse (1975–77)

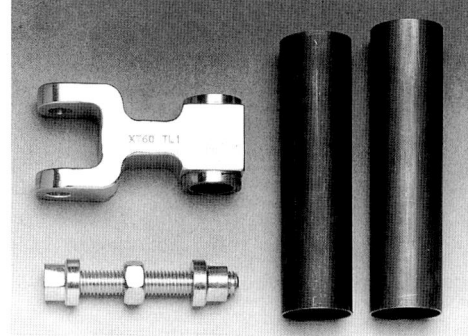

Tieferlegungssatz für XT 600
(Foto: Alpha-Technik)

und zweimal die Rallye Paris–Dakar (1984–85) auf BMW!
Die Sitzhöhe einer Enduro zu reduzieren, kann auf unterschiedliche Weise geschehen. Die Vorspannung des Federbeins möglichst stark zu reduzieren ist zwar möglich, aber nur bei kleinen und leichten Fahrern sinnvoll. Den kleinen Dicken beschert diese Maßnahme ein schlechtes Fahrverhalten. Außerdem kann mit zu geringer Federvorspannung auch folgendes Malheur passieren: Die stark beladene Enduro (Urlaub!) wird auf dem Seitenständer abgestellt, das Heck sackt zusammen und die Maschine kippt auf die rechte Seite.

Kawasaki KLX 250
Gut zu erkennen: die UNI-Trak-Hebelei

Die Sitzbank spielt natürlich eine entscheidende Rolle. Dabei ist nicht nur ihre absolute Höhe wichtig, sondern auch ihre Breite. Die Sitzbank abzupolstern ist jederzeit möglich und nicht teuer. Dann aber gewissermaßen auf dem Sitzbank-Rahmen Platz zu nehmen, ist gewiß nicht jedermanns Sache. Die R 1100 GS verfügt im Rahmen ihres »Ergonomie-Pakets« über eine mit wenigen Handgriffen dreifach verstellbare Sitzbank.
Für die subjektive Sicherheit des kleinen Fahrers spielt der Seitenständer eine entscheidende Rolle. Läßt er sich im Stand problemlos ausklappen, kann der Fahrer das Motorrad auf den Ständer kippen und sicher absteigen. Bei manchen BMWs (F 650, R 80 GS, R 100 GS) ist es aber schon für große Menschen ein Eiertanz, auf der Maschine sitzend den Seitenständer auszuklappen. Leider gibt es auch immer noch Motorräder ohne serienmäßigen Seitenständer (KTM, BMW R 80 GS basic), die für kleine Menschen im Serienzustand praktisch unfahrbar sind.
Eine perfekte Tieferlegung ist bei Motorrädern mit zentralen Hebelsystemen an der Hinterradschwinge möglich. Hier werden einfach die Hebel getauscht, so daß sich die Sitzhöhe deutlich reduziert. BMW bietet solche Kits für die F 650, Suzuki für die DR 650 SE an.

Auf Tieferlegungssätze hat sich auch die Firma Alpha-Technik spezialisiert. Je nach Modell enthalten die Kits geänderte Umlenkhebel, Federbeine und (last but not least) einen kürzeren Seitenständer. Diese Tieferlegungssätze sind lieferbar für Aprilia Pegaso, BMW R 80/100 GS, Honda XL 600 V Transalp, NX 650 Dominator, XLV 750 Africa Twin, Kawasaki KLE 500 und Yamaha XT 600. Alpha-Technik gibt eine Verringerung der Sitzhöhe zwischen 35 und 50 mm an.

Von Haus aus niedrige Enduros sind die »kleine Dominator« Honda NX 250 sowie die Kawasaki KLE 500.

1992–93 liefert Suzuki die DR 350 als Modell SHC mit dem »Suzuki Height Control« aus. Ein kleines Rändelrad am Lenker erlaubt die Einstellung der Sitzhöhe: Zum Anhalten Heck absenken, beim Fahren ein kurzer Dreh und das Heck pumpt sich in die Höhe! Leider honoriert der Markt diese segensreiche Einrichtung nicht.

Nicht nur kleine Fahrer haben ihre Probleme. Die BMW Enduros R 80 G/S, R 80 GS und R 100 GS zwingen großen Fahrern eine unbequeme Sitzhaltung mit stark abgewinkelten Knien auf. Alpha-Technik liefert hier eine tiefergelegte Fußrasten-Anlage mit geändertem Schalthebel, die die Fußrasten um 30 mm nach unten wandern läßt.

Räder und Bremsen

Das Rad gilt als eine der ersten und genialsten Erfindungen der Menschheit überhaupt, obwohl es bekanntermaßen von nimmermüden Tüftlern immer wieder neu erfunden wird.

Radgröße

Das Vorderrad ist bei der klassischen Enduro 21 Zoll groß, das Hinterrad 18 Zoll. Hondas Versuch, 1978 mit der XL 500 S ein 23 Zoll-Vorderrad einzuführen, scheitert.

1996 gilt diese »klassische« Größe nur noch bei Sport-Enduros. Für Reise- und Allzweck-Enduros ist die Kombination 21 Zoll vorn und 17 Zoll hinten das Maß aller Dinge, wobei die europäischen Hersteller einem Trend zum 19-zölligen Vorderrad zu folgen scheinen.

Felgendurchmesser bei 1996er Enduros

	vorn	hinten
Aprilia		
Pegaso 650	19	17
BMW		
F 650	19	17
R 80 GS basic	21	17
R 100 GS Paris-Dakar	21	17
R 1100 GS	19	17
Cagiva		
W 16	19	17
Canyon 600	19	17
750/900 Elefant	19	17
Honda		
XL 600 V Transalp	21	17
XR 600 R	21	18
NX 650 Dominator	21	17
XR 650 L	21	18
XRV 750 Africa Twin	21	17

Susie freut sich über ihre niedrige Suzi: DR 350 SHC

Husqvarna			
	410/610 TE	21	18
Kawasaki			
	KLE 500	21	17
	KLR 650	21	17
	KLX 650 R	21	18
KTM			
	620 LC 4	21	18
	Duke	21	17
Suzuki			
	DR 350 SE	21	18
	DR 650 SE	21	17
	DR Big 800	21	17
Yamaha			
	XT 600 E	21	17
	TT 600 E/S	21	18
	XTZ 660 Ténéré	21	17
	XTZ 750 Super Ténéré	21	17

Speichenrad

Alle möglichen Arten von Rädern rollen heute motorisiert über unsere Straßen, doch abseits der Straßen rollt immer nur eine Art von Rad – das Speichenrad.

Das Speichenrad besteht aus der den Reifen tragenden Felge, der Nabe mit den Radlagern und den dazwischen gespannten Speichen. Die gespannten Speichen halten ein sehr brüchiges Gleichgewicht aufrecht, daß einerseits für eine erstaunliche Festigkeit der filigranen Konstruktion sorgt, andererseits in sich genügend flexibel ist, um Stöße ohne Beschädigung zu überstehen. Diese Eigenschaften machen das Speichenrad für den Geländeeinsatz unentbehrlich.

Wenn Speichenräder dennoch den Ruf haben, empfindlich zu sein, so liegt das an einem gewissen Pflegebedarf. Speichenräder müssen regelmäßig auf ihre Spannung kontrolliert werden. Hat sich eine Speiche gelockert, gerät das Gleichgewicht der vielen ziehenden Speichen auseinander – das Rad bekommt Schlag, andere Speichen reißen. Schlag auf Schlag bricht die ganze Herrlichkeit zusammen.

Daher ist es unverzichtbar, gerissene Speichen umgehend zu ersetzen. Sonst zerstört sich das restliche Rad gewissermaßen in einer Art Kettenreaktion rasch selbst. Speichen zu ersetzen ist zwar umständlich, aber dennoch jederzeit an jedem Ort der Erde möglich, weshalb Speichenräder auch für Globetrotter unverzichtbare Vorteile haben. Eines muß aber auf jeden Fall sein: Rad raus und Reifen runter. Erst dann kann man das den Schlauch schützende Felgenband abziehen und kommt an die Speichennippel heran.

Diese vermeintliche Unzulänglichkeit wird vielen Speichenrädern schon beim Einspeichen in die Wiege gelegt. Einspeichen ist eine Spezialistenarbeit, da braucht es ein gerüttelt Maß an Erfahrung. Sonst ist der erste Speichenbruch vorprogrammiert.

Speichenrad und Schlauchlosreifen

1985 revolutioniert Honda die bis dahin lauschige Welt des Speichenrads. In der XL 600 LM dreht man die Speichen einfach um, hängt sie in einem Felgensteg ein und plaziert die Schraubnippel an der Nabe. Zum Speichen-Austausch muß hier weder Rad noch Reifen demontiert werden. Die Felge ist innen glattflächig und geschlossen – Voraussetzung für die Montage schlauchloser Reifen. Das 1987 in der BMW R 100 GS vorgestellte patentierte Kreuzspeichenrad funktioniert ähnlich, die Speichennippel befinden sich an der Nabe, an der Felge wird die Speiche seitlich durch das Felgenhorn geführt. Die kreuzweise Anordnung der Speichen, vom Felgenrand zum jeweils entgegengesetzten Nabenrand verhilft dem Kreuzspeichenrad zu mehr Stabilität, Voraussetzung für eine 1000er Enduro.

Wozu schlauchlose Reifen?

Schlauchlose Reifen sind zu diesem Zeitpunkt bei schweren und schnellen Straßenmaschinen längst Stand der Technik. Enduristen sind jedoch auch hier sehr konservativ. Tatsächlich ist ein Schlauchreifen im afrikanischen Busch zur Not problemlos in Eigen-

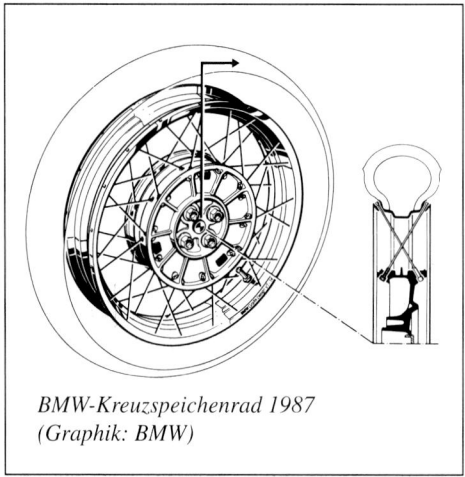
BMW-Kreuzspeichenrad 1987 (Graphik: BMW)

Trommelbremse
Mit ganz ähnlich gelagertem technischem Konservativismus klammern sich die Enduristen noch jahrelang an die gute alte Trommelbremse. Ihr Argument: Scheibenbremsen seien schmutzempfindlich. Tatsächlich verschleißen die Bremsklötze der Scheibenbremsen vielleicht im Gelände schneller, sie lassen sich aber problemlos per Wasserschlauch reinigen. Ist eine Trommelbremse dagegen erst einmal voller Schlamm, kommt man dem nur durch Demontage bei.
Am »ausdauerndsten« ist die Trommelbremse bei BMW. Noch 1996 verzögern R 80 GS basic und R 100 GS hinten per Trommelbremse.

regie zu demontieren und zu flicken. Schlauchlose Reifen bekommt man ohne geeignetes Werkzeug kaum von der Felge und ohne entsprechenden Luftdruck nicht wieder hinauf.
Dennoch spricht die Sicherheit in Mitteleuropa für die Masse der Reise-Enduristen eindeutig zugunsten des Schlauchlos-Reifens. Denn bei einem eventuellen Defekt verliert er nicht schlagartig alle Luft, sondern nur langsam, mit dadurch vermindertem Sturzrisiko.

Scheibenbremse
Auch bei Enduros gehören Scheibenbremsen vorn und hinten heute zur Standard-Ausrüstung.
Den entscheidenden Sprung wagt 1982 Kawasaki mit der KL 500, die jedoch nicht in den Handel gelangt. So wird im Frühjahr 1983 Yamaha zum Scheibenbrems-Pionier in der Enduro-Klasse mit der XT 600 Z Ténéré. Ob die vielfach als Zubehör angebotenen Plastik-Bremsscheiben-Schützer nützlich sind, darf bezweifelt werden. Der Wärmeabfuhr sind sie zumindest kaum förderlich.

ABS
In der R 1100 GS bringt BMW 1994 erstmalig eine Enduro mit Anti-Blockiersystem auf den Markt. Das ABS hat sich bei Straßenmaschinen seit Jahren bewährt und bringt einen echten Sicherheitsgewinn, verhindert es doch den Sturz durch das blockierende Vorderrad. Für Geländefahrten ist das ABS in der R 1100 GS abschaltbar.

Bereifung

Kein Thema ist unter Enduristen so beliebt wie das Thema Reifen. Die Stollen können da gar nicht grob genug sein. Zugegeben, grobstollige »Puschen« sehen schon scharf aus, aber... Die serienmäßige Enduro-Bereifung stellt meist einen Kompromiß dar aus Straßen- und Geländetauglichkeit. Je nach Fahrzeugtyp, für den die Bereifung vorgesehen ist, wird der Geländeanteil im Pflichtenheft des Reifenkonstrukteurs verringert oder vergrößert. Klar, eine XR wird woanders bewegt als eine R 1100 GS.

Straßentauglichkeit

Je stärker Hubraum, Motorleistung und Gewicht von Enduros ansteigen, um so mehr werden die Fahrzeuge nur noch auf Asphalt bewegt.

Die Fahrer dieser Enduros wollen keinerlei Abstriche bei der Fahrsicherheit machen. Sie erwarten, daß die Bereifung ihrer Enduro das gleiche Haftungsvermögen hat wie Straßen-Bereifung, auch und besonders bei Nässe.

Dieses Ziel zu erreichen und dennoch eine gewisse Geländetauglichkeit zu erhalten, stellt die Reifenhersteller vor eine große Herausforderung.

Genauso eine Herausforderung war es, Enduro-Reifen für den Geschwindigkeitsbereich H (bis 210 km/h) zuzulassen. Eine der ersten Enduro-Bereifungen für diesen Geschwindigkeitsbereich waren die Bridgestone TW 47 (vorn) und TW 48 (hinten).

Geländetauglichkeit

Als Faustregel gilt: Je höher der Negativanteil im Profil, desto mehr Geländetauglichkeit. Oder allgemeinverständlich und vereinfachend ausgedrückt: Grobes Profil fürs Gelände. Wie bei Cross-Reifen spielt neben Traktion und Spurhaltung auch die Selbstreinigung eine entscheidende Rolle.

Nahezu alle Hersteller haben spezielle Reifen für Sport-Enduros im Programm, die für den überwiegenden Geländeeinsatz vorgesehen sind.

Die Fahrer schwerer Reise-Enduros mußten lange Zeit vergeblich suchen, um ihren Fahrzeugen zu einer höheren Geländetauglichkeit zu verhelfen und dennoch den Zulassungsbestimmungen zu entsprechen. Continental hat 1996 mit einem ebenso einfachen wie genialen Trick den Twinduro TKC 80 für Reise-Enduros zugänglich gemacht. Kurzerhand

Bridgestone TW 48 (Foto: Bridgestone)

Continental Twinduro TKC 80 (Foto: Continental)

erhielten die entsprechenden Reifen eine M+S-Kennzeichnung. Nach § 3 (1) Straßenverkehrszulassungsordnung (StVZO) ist die Verwendung von M+S-Reifen unter Einhaltung bestimmter Bedingungen zulässig. Der Endurist muß nur noch einen entsprechenden Aufkleber am Tacho plazieren und natürlich darauf achten, mit dem Geländereifen nicht 190 km/h zu fahren.

Laufleistung

Wie bei anderen Reifen auch, erwartet der Kunde von Enduro-Reifen, daß sie über eine angemessene Distanz genügend Profil aufweisen. Das Ergebnis kann wie immer nur ein Kompromiß sein, denn hohe Laufleistungen verlangen nach harten Gummimischungen. Die aber stehen im Gegensatz zu Nässetauglichkeit und Kurvenverhalten.

Die Bereifungen für die frühen Scrambler auf dem US-Markt waren von Trial-Reifen abgeleitet. Auf staubigen Pisten im trockenen amerikanischen Westen und Südwesten zählte Laufleistung, sonst nichts. Daher stammt der immer noch verheerende Ruf der frühen Enduro-Reifen – bei Regenwetter waren Schräglagen auf der Straße nicht drin!

Gemäß § 3 (2) muß die Profiltiefe mindestens 1,6 mm aufweisen. Es ist einfach möglich, die Profilstärke des Reifens zu prüfen. An der Reifenflanke suche man die Abkürzung »TWI« (treadwear indicator). Hier befinden sich Querstege mit 1 mm Höhe im Profil. Ist das Profil bis auf diese Querstege heruntergefahren, sofort den Reifen wechseln!

Hohe Laufleistung und dennoch gute Haftung in Schräglage verspricht Bridgestone mit dem SACT-Prinzip (Straight And Cornering Technology). Dabei werden unterschiedliche Gummimischungen für Mitten- und Seitenbereich kombiniert. SACT-Reifen sind der TW 301 (vorn) und TW 302 (hinten).

Lärmentwicklung

Bislang hat der Kunde beim Kauf nur wenig darüber nachgedacht, ob ein spezielles Reifenprofil zu erhöhter Lärmentwicklung führt.

Bridgestone TW 302 (Foto: Bridgestone)

Dabei rühren bei modernen Enduros mit leisem Triebwerk bis zu 50 % des meßbaren Geräuschs vom Abrollgeräusch des Reifens her! An einer vorbeifahrenden Enduro kann man das leicht bestätigt finden.

Einer der ersten, auf niedrige Abrollgeräusche hin optimierten Enduro-Reifen ist der Bridgestone TW 47 (vorn) und TW 48 (hinten).

Reifenkennzeichnung

Als Beispiel sei einmal die Dimensionsangabe 140/80 -17 68H betrachtet.

Dieser Reifen hat eine Nennbreite von 140 mm und ein Querschnittsverhältnis (Höhe zu Breite) von 80 %. Der Strich zeigt an, daß es sich um einen Diagonalreifen handelt (Radialreifen werden mit R gekennzeichnet). Die 17 steht für den Felgendurchmesser in Zoll. Die darauf folgende Zahl 68 definiert die Tragfähigkeit in kg (Load Index), die Tabellen entnommen werden kann. Der Buchstabe H bestimmt den Speed Index (SI), also die maximale Höchstgeschwindigkeit.

SI	M	N	P	Q	R	S	T	U	H
km/h	130	140	150	160	170	180	190	200	210

Gemäß einer etwas älteren Norm könnte der gleiche Reifen auch mit 140/80 H17 gekennzeichnet sein. Davor wurde auch die Reifenbreite in Zoll angegeben, bei älteren Dimensionsangaben gab es auch kein Querschnittsverhältnis (z. B. 4.00-18).

TL oder »tubeless« markiert schlauchlose Reifen, TT oder »tube type« Schlauchreifen. Das Herstellungsdatum läßt sich aus der mit »DOT« beginnenden Zeile entnehmen. Die letzten drei Ziffern kodieren Herstellungswoche und Jahr (zum Beispiel 256 = 25. Kalenderwoche 1996).

M/C bedeutet, daß dieser Reifen nur auf Motorrädern gefahren werden darf.

Pfeile, eventuell mit der Beschriftung »Drive« oder »Front« geben die Laufrichtung vor. NHS bedeutet »Not for Highway Service«

und findet sich auf Wettbewerbsreifen. Diese Reifen dürfen in Deutschland nur dann auf öffentlichen Straßen gefahren werden, wenn sie Load und Speed Index aufweisen.

Luftdruck
Bei Straßenbetrieb ist der richtige Luftdruck im Reifen entscheidend für die Fahrsicherheit. Wie hoch der zu sein hat, ist der Fahrzeug-Bedienungsanleitung zu entnehmen. Im Zweifel den Luftdruck ruhig höher wählen, das bringt keine Nachteile, aber mehr Sicherheit bei schleichendem Druckabfall.

Im Gelände verringern Enduristen gern den Luftdruck, zum Beispiel bei Sandfahrten. Kehrt man auf die Straße zurück, unbedingt den Luftdruck wieder erhöhen (gar nicht so einfach, wenn man keine Pumpe dabei hat). Für bestimmte Wettbewerbseinsätze (Wüstenrallyes!) liefert Michelin Moosgummiringe, die statt Schlauch gefahren werden. Einen »Platten« kann es dann nicht mehr geben.

Reifenentwicklung

Helmut Dähne, im Hause Metzeler verantwortlich für Renndienst, Public Relations und Schulungen, beschreibt in diesem Abschnitt die Entwicklung der Metzeler Enduro-Reifen zwischen 1976 und 1996.

Reifen für die BMW R 80 G/S
1979 entsteht im Hause Metzeler die erste Zeichnung für eine neue Enduro-Reifengeneration. BMW plant seinerzeit die R 80 G/S und bittet Metzeler, hierfür die Reifen zu entwickeln.

Sie sollen geländetauglich sein, jedoch zu 80 % auf der Straße laufen. Das Motorrad würde 170 km/h schnell und mit 200 kg Gewicht plus Zuladung nicht gerade ein Leichtgewicht sein.

Keine leichte Aufgabe, diese Anforderungen unter einen Hut zu bekommen. Sie widersprechen sich gegenseitig – für Geländetauglichkeit ist ein hoher Negativanteil im Profil erforderlich, die Straßentauglichkeit hingegen erfordert einen kleinen Negativanteil. Der richtige Kompromiß mußte gefunden werden.

Ein Trial-Reifen kann diese Anforderungen schon nicht mehr erfüllen. Er hält maximal 150 km/h Dauergeschwindigkeit stand und hat ein schwammiges Fahrverhalten auf der Straße. Enduro-Experten aber schätzen diese Reifen.

Ein Enduro-Profil muß irgendwo zwischen Trial- und Straßenreifen angesiedelt sein, um den Anforderungen gerecht zu werden. Umlaufende Rillen, wie sie beim Trial-Reifen typisch sind, mußten zu Gunsten eines gleichmäßigen Verschleißbildes ebenso vermieden werden wie querstehende Rillen.

Metzeler Profildesigner Ernst Mader verschachtelt fünfeckige Gummiblöcke so ineinander, daß jeweils vier ein quer zur oder längs in Umfangsrichtung gestrecktes Sechseck ergaben. Diese Sechsecke sind wiederum ineinander verschachtelt. Daraus resultiert, daß keine Rille umfangs- oder querorientiert liegt.

Erste Fahrversuche bringen sofort sehr gute Resultate. Schwierig gestaltet es sich, die Haltbarkeit der mittleren Blöcke in den Griff zu bekommen. Auch die Geradeausstabilität des Motorrades ist noch unbefriedigend. Profilmodifikationen und Karkassenänderungen sind erforderlich, um beide Probleme zu beheben. Alle Änderungen beeinflussen einander zwangsläufig. Bedauerlicherweise selten im positiven Sinne.

Vier Profiländerungen bringen nur mäßigen Erfolg. Immer noch reißen die mittleren Blöcke am Profilgrund ein. Das Zusammen-

Der legendäre Desert von Michelin – der klassische Reifen für Wüstenfahrten (Foto: Michelin)

hängen von jeweils drei Blöcken bringt dann den Durchbruch. Das Problem der Hochgeschwindigkeits-Haltbarkeit ist gelöst.

Parallel dazu werden verschiedene Karkass-Konstruktionen erprobt, um die Geradeausstabilität der R 80 G/S zu optimieren. Alle Versuche mit Gürtelreifen bringen nicht die Verbesserung, die sich allgemein bei Straßenmotorrädern einstellt. Am wirksamsten erweist sich ein sogenannter »Dreher«, eine gürtelähnliche Karkasseinlage zur Verstärkung der Lauffläche. Damit ist der G/S-Enduroreifen geboren, gerade rechtzeitig zum Serienanlauf.

Im Gelände besser: Der Enduro 1
Die Profilverbesserungen am 4.00 – 18 Enduro verschlechtern zwangsläufig die Traktion im Gelände. Das läßt die Metzeler Entwicklungs-Crew nicht ruhen. Ohne den Zeitdruck eines Serienanlaufes im Nacken versuchen sie, die erste, im Gelände bessere Profilvariante, für den R-Bereich bis 170 km/h zu ertüchtigen. Rißbeständigere Laufflächen-Mischungen werden mit Erfolg entwickelt. So bietet Metzeler zwei Jahre nach Serienanlauf der G/S eine zweite Hinterrad-Variante mit besseren Geländeeigenschaften an – den Enduro 1.

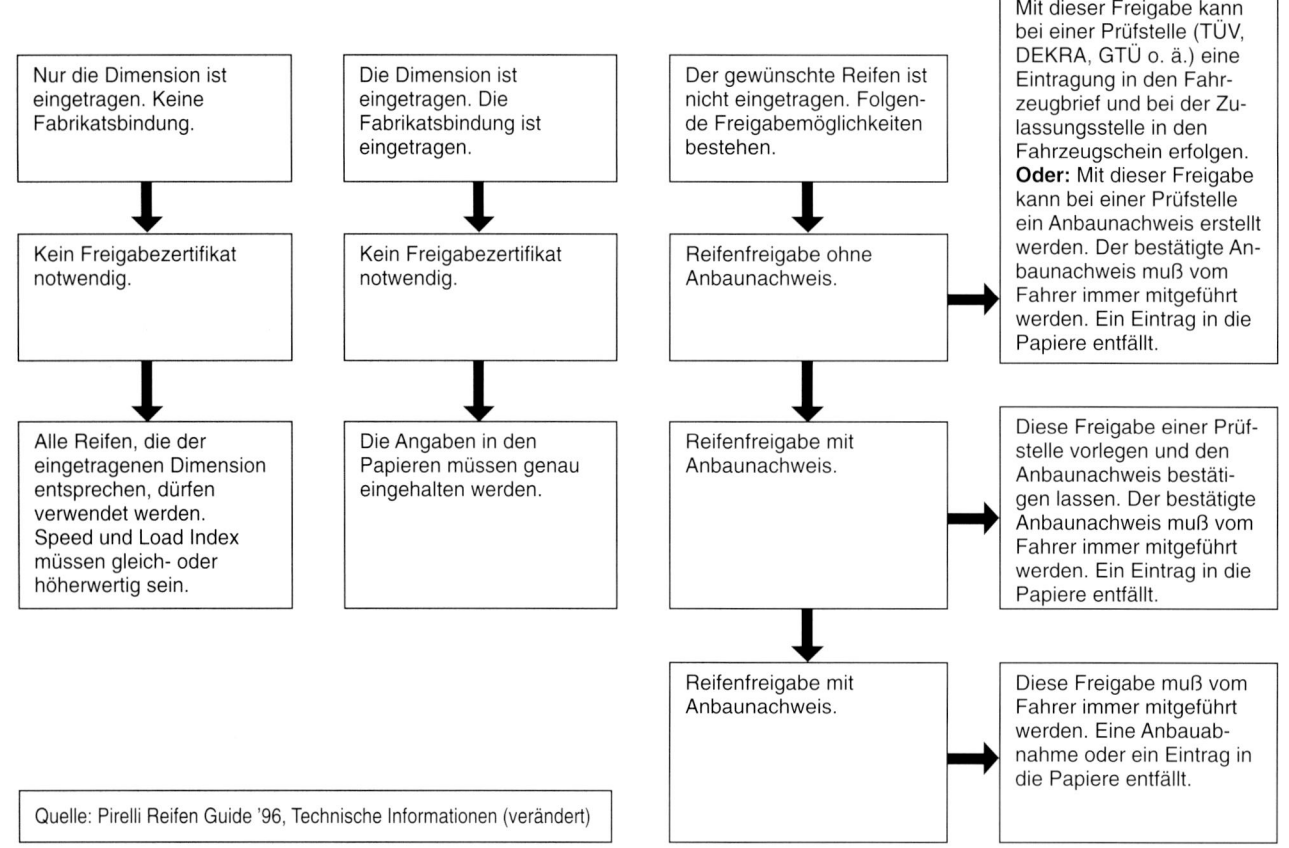

Informationen über Freigabemöglichkeiten in Deutschland
Welche Bereifung ist in den Fahrzeugpapieren eingetragen? (siehe hierzu Ziffern 20–23 im Fahrzeugschein)
Folgende Bereifungsmöglichkeiten können im Fahrzeugschein (Ziffern 20–23) auftreten:

Nur die Dimension ist eingetragen. Keine Fabrikatsbindung.
↓
Kein Freigabezertifikat notwendig.
↓
Alle Reifen, die der eingetragenen Dimension entsprechen, dürfen verwendet werden. Speed und Load Index müssen gleich- oder höherwertig sein.

Die Dimension ist eingetragen. Die Fabrikatsbindung ist eingetragen.
↓
Kein Freigabezertifikat notwendig.
↓
Die Angaben in den Papieren müssen genau eingehalten werden.

Der gewünschte Reifen ist nicht eingetragen. Folgende Freigabemöglichkeiten bestehen.
↓
Reifenfreigabe ohne Anbaunachweis. →
Mit dieser Freigabe kann bei einer Prüfstelle (TÜV, DEKRA, GTÜ o. ä.) eine Eintragung in den Fahrzeugbrief und bei der Zulassungsstelle in den Fahrzeugschein erfolgen.
Oder: Mit dieser Freigabe kann bei einer Prüfstelle ein Anbaunachweis erstellt werden. Der bestätigte Anbaunachweis muß vom Fahrer immer mitgeführt werden. Ein Eintrag in die Papiere entfällt.

Reifenfreigabe mit Anbaunachweis. →
Diese Freigabe einer Prüfstelle vorlegen und den Anbaunachweis bestätigen lassen. Der bestätigte Anbaunachweis muß vom Fahrer immer mitgeführt werden. Ein Eintrag in die Papiere entfällt.

Reifenfreigabe mit Anbaunachweis. →
Diese Freigabe muß vom Fahrer immer mitgeführt werden. Eine Anbauabnahme oder ein Eintrag in die Papiere entfällt.

Quelle: Pirelli Reifen Guide '96, Technische Informationen (verändert)

Enduro 2, die eigentlich erste Hinterrad-Variante in Serie, erobert nicht nur auf der R 80 G/S den Markt. Er erfreut sich weltweit noch heute auf allen Enduros größter Beliebtheit. Seine Stärke liegt in den straßenreifenähnlichen Fahreigenschaften mit extremer Langlebigkeit.

Reifen für die erste Enduro mit 1000 cm³
Ziemlich genau zehn Jahre nach der Entstehung dieser neuen Reifengeneration verlangt wiederum BMW eine Steigerung der Eigenschaften. Eine 1000er Enduro steht auf dem Entwicklungsplan. Von den Reifen werden 20 km/h mehr verlangt, und die Auslastung soll noch höher werden. Trotz der Beliebtheit der Versionen 1 und 2 entschließt sich Metzeler, einen völlig neuen Enduroreifen zu konzipieren. Die »Alten« sind schon fast 14 Jahre im Programm und bieten deshalb keine Basis für ein über weitere Jahre hinweg erfolgreiches Marketingkonzept. Auch würde es einen größeren technischen Aufwand bedeuten, das alte Profil nochmals in der Geschwindigkeit zu steigern, als ein neues zu entwickeln.
Metzeler will außer der BMW-Forderung nach 190 km/h die Straßentauglichkeit verbessern und möglichst die Geländeeigenschaften des Enduro 1 halten. Man bedient sich der positiven Erfahrungen mit dem supersportlichen Straßenreifen ME 1, der pfeilparabolischen Profilanordnung. Sie bringt Profilblöcke, die in Richtung des Kräfteverlaufs im Reifen verformungssteif sind. Verbesserte Kurvenstabilität ist das Ergebnis.
Die Straßenerprobung des Enduro 3 läuft auf dem Nürburgring. Wo sonst, wenn Helmut Dähne selbst testet. Die Ergebnisse waren verblüffend. Erstmals berühren die Ventildeckel der Test-G/S mit 1000 cm³ die Fahrbahn. Bei der großen Bodenfreiheit der G/S bedeutet das enorme Schräglagen.
Auf Sandstraßen zeigt sich, daß der »neue« den Enduro 2 übertrifft und wie gewünscht auf dem Niveau des Enduro 1 liegt. Traktionsversuche, die Lazlo Peres in schwerem Gelände durchführt, bringen gleiche Ergebnisse.
Nur am schrägen, nassen Wiesenhang ist BMW nicht zufrieden. Der Vorschlag, durch eine Teilung des großen Schulterblockes diese Schwäche zu beseitigen, stößt auf wenig Gegenliebe, weil dadurch die Kurvenstabilität auf der Straße leiden würde. Der Kompromiß: Eine Profilnut, die eine zusätzliche Griffkante erbringen soll, wird nur mit halber Profiltiefe angebracht. Das vermeidet eine zu deutliche Schwächung der Querstabilität des Profilblocks.
Das Profil erweist sich von Anfang an als sehr geradeausstabil im Hochgeschwindigkeitsbereich. Mehrere Karkass-Konstruktionen werden durchgetestet, und wieder zeigt sich die zweilagige Nylonkarkasse mit einem Dreher als die mit dem besten Geradeauslauf. Um die 190 km/h sicher erreichen zu können, wird außerdem eine neue Laufflächen-Mischung erforderlich.
Was bei dieser Entwicklung herauskommt, wird für beide Partner ein Volltreffer. Die GS verkauft sich über Plan gut, und der Metzeler Enduro 3 Sahara ist jahrelang der einzige Reifen mit Erstausrüstungs-Freigabe, weil er als einziger alle BMW-Anforderungen erfüllt. Später wird dieser Reifen in einigen Ausführungen für den H-Geschwindigkeitsbereich ertüchtigt (210 km/h).

Zurück zur Straße
Seit einigen Jahren gibt es im Endurobereich einen neuen Trend: »Zurück zur Straße«. Mehr und mehr entdecken Motorradfahrer den großen Reisewert der Enduros und ihre Alltagstauglichkeit. Besonders die hubraumstarken und schnellen Maschinen unter ihnen entwickeln sich wieder zurück zu mehr Straßentauglichkeit.
Metzeler trägt auch dieser Entwicklung Rechnung. Bei der neuesten Metzeler-Linie, dem Enduro 4, stehen die Straßeneigenschaften ganz klar im Vordergrund. Deshalb ver-

Metzeler-Enduro-Reifen: Enduro 1

Enduro 2

Enduro 3

Enduro 4 (Fotos: Metzeler)

bindet das Profil die Vorzüge der pfeilparabolischen Rillenanordnung mit den endurotypischen Profilblöcken. Das macht den Neuen zum endurotauglichen Straßenreifen. Die Kontur des Enduro 4 ist direkt dem reinen Straßenreifen entnommen, um leichtes Handling zu gewährleisten.

In diese Richtung weist auch die leichte zweilagige Nylonkarkasse des 21"-Vorderrad-Reifens. Zahllose Tests zeigen, daß diese Konstruktion ein Maximum an guten Fahreigenschaften für Enduros erbringt.

Der Hinterrad-Reifen weist bei den Größen für Mittelklasse-Enduros eine Nylon- oder Rayon-Karkasse auf, im Bereich der Lauffläche durch einen Semi-Gürtel verstärkt. Die Reifengrößen für die schnellen Enduros der »Oberklasse« sind auf einer Radialkarkasse nach Metzeler 0°-Stahlgürtel-Technologie aufgebaut.

Die Vorteile des Enduro 4 sind optimaler Straßengebrauch, Fahrverhalten und Haftung wie bei Straßenreifen, ein geringes Abrollgeräusch und die lange Lebensdauer.

Mehr als zwei Räder

Enduro-Gespanne

Zum Bau eines Enduro-Gespannes werden in der Regel Rahmen und Teile aus MotoCross-Fahrwerken verwendet. Als Motor findet dann aber ausnahmslos ein ziviles Triebwerk Verwendung. Das kann der viertaktende Einzylinder einer Enduro (DR Big, XT 500, XT 600) ebenso sein wie Zweizylinder (BMW Boxer, Africa Twin, CB 650, Guzzi, XS 400, XS 650, Super Ténéré) oder Mehrzylinder (K 75, GSX 750, FJ 1200). Enduro-Gespanne dieser Art werden von verschiedenen Anbietern aufgebaut.

Horst Ullrich beispielsweise baut eine Boxer BMW in zwei Stufen um. Der Fahrwerks-Kit I enthält den Maschinenrahmen (mit Seitenwagen), die vordere Schwingengabel, die Seitenwagenschwinge, alle Kotflügel, eine Sitzbank sowie den Cross-Lenker. Im Fahrwerks-Kit II werden zusätzlich Federbeine von Bilstein oder White Power angeboten, dazu eine verlängerte und verstärkte Hinterradschwinge sowie ein Lenkungsdämpfer.

Allen diesen Gespannen ist das vom Cross-Gespann abgeleitete Konzept eigen: Der Beifahrer kauert auf einer gepolsterten Zarges-Box und krallt sich an der Diagonalstrebe des Seitenwagens fest, was namentlich bei längeren Landstraßenetappen ermüdend sein kann. Enduro-Gespanne sind also eher etwas für den Spaß in der Kieskuhle.

Fernreise-Gespanne

Es ist nicht jedermanns Sache, auf dem Weg in den sonnigen Süden zunächst 1000 Kilometer Autobahn oder Landstraße auf der Zarges-Box abzuspulen, noch dazu mit dem Dröhnen eines Einzylinders im Ohr. Für solche akuten Fälle von Fernweh haben die Gespannbauer das Fernreise-Gespann erfunden. Manche dieser Fernreise-Gespanne sollten eigentlich lieber Expeditions-Gespanne heißen. In diese Rubrik gehören die großvolumigen Enduro-Gespanne von Horst Ullrich ebenso wie das Jürgenssen-Guzzi-Gespann, das eigens für die Erfordernisse einer Weltreise entwickelt worden ist.

Eine ganz neue Fahrzeug-Gattung ist momentan noch im Entstehen begriffen, hat aber sicherlich noch eine Zukunft. Gemeint sind Gespanne, die es erlauben, auch lange Strecken auf der Landstraße zurückzulegen, trotzdem aber vor Schlaglöchern und Schotterpisten nicht schlapp machen.

Dies sind Gespanne im Stile der Zündapp KS 601, mit bulligem Motor und geschlossenem Seitenwagen, der dem Passagier einen gewissen Wetterschutz bietet. Dennoch erlaubt ein solcher Seitenwagen eine aufrechte Sitzposition und verfügt über einen Handgriff, an dem sich der geplagte Passagier auf schlechten Wegstrecken hochziehen kann, um die Bandscheiben zu schonen. Wer die Länder Osteuropas auf drei Rädern bereisen will, ist mit einem solchen Gespann gut bedient.

Ein klassisches Gespann dieser Art ist die Dnepr MT 16 mit angetriebenem Seitenwagenrad. Peter Sauer veredelt die Dnepr mit einem BMW-Motor und verschafft ihr so eine gewisse Standfestigkeit, die man als Fernreisender benötigt. Mit Rückwärtsgang und Differentialsperre dürfte die Sauer-Dnepr nicht zu stoppen sein. Mit 38 l Benzin am Motor-

Suzuki DR 800 Big mit Wasp-Seitenwagen (Foto: Schönhammer)

rad und 80 l im Zusatztank des Seitenwagens ist man auch nicht mehr auf mitteleuropäische Tankstellendichte angewiesen.

Von EML-Importeur Falk Hartmann stammt die Idee, aus dem Behörden-Seitenwagen von EML und einer BMW R 80 ein klassisches und dennoch modernes, geländegängiges Straßengespann auf die Räder zu stellen. Der Seitenwagen ist von den klassischen EML-Booten abgeleitet, im Einstiegsbereich großzügig ausgeschnitten und mit einem Bügel zum Festhalten versehen. Anders als bei der Dnepr ist die Seitenwagenkarosserie aus GfK und nicht aus Stahlblech, was Gewicht einspart. Wie normale EML-Seitenwagen verfügt er über einen geräumigen, von außen zugänglichen Kofferraum. Auf den 16 Zoll-Rädern drehen sich Bridgestone-Reifen, die normalerweise auf der Honda Transalp Dienst tun.

Mit Sicherheit ist dieses Gespann das geeignete Fahrzeug, wenn man beispielsweise von Deutschland nach Osteuropa fährt, um dort dann ein paar Schotterpisten zu befahren und anschließend wieder ohne Streß zurückzufahren.

Für Wettbewerbe wurden bereits vierzylindrige Gespann-Sonderkonstruktionen gebaut, die mit Sicherheit künftig eine größere Rolle spielen werden. Die sanfte Kraftentfaltung und das höhere Drehmoment eines Vierzylinders haben auch abseits der Straße Vorteile.

All-Terrain-Vehicles

Dreirädrige Motorräder, »Trikes« sind in den USA bekanntlich nichts Neues. Neuartig ist aber, was Yamaha 1981 auf die Beine stellt. YT 125 heißt das erste Dreirad von Yamaha, und es kommt auf Ballonreifen daher. Diese grob profilierten Reifen sind wie geschaffen für den Ausflug auf bodenlose Untergründe. Sand und Schlamm sind der bevorzugte Lebensraum dieser All-Terrain-Vehicles (ATVs).

ATVs sind als Nutzfahrzeuge in abgelegenen Gebieten ohne feste Wege ebenso geeignet wie als bloßes Spaßgerät.

Yamaha YFN 350 X Warrior (Foto: Yamaha)

Einen Rückschlag erfährt die spaßige Angelegenheit, als immer mehr Fahrer von ATVs böse Unfälle erleiden. ATVs neigen in Kurven oder an schräg befahrenen Hängen dazu, zu kippen. Der unerfahrene Fahrer will im Reflex die Fuhre mit dem Bein abstützen, das prompt unter das Hinterrad gerät.

Die japanischen Hersteller sind erschrocken, aber nicht untätig. Die Lösung ist wirksam, nicht einfach und auch nicht billig. Das Dreirad wird zum Vierrad, auch »Quad« genannt. Kawasaki, Suzuki und Yamaha bieten heute Quads in Deutschland an. Sie suchen den Markt sowohl in der Nutzfahrzeug-Sparte als auch im Sportbereich.

Für Enduro-Begriffe sind Quads vordergründig eher schwachbrüstig motorisiert (200 bis 350 cm^3), doch für den Spaß in der Kieskuhle reicht das noch und nöcher. Eine entsprechende Quad-Szene ist im Entstehen begriffen, aber ob der Spaß die Massen in seinen Bann schlagen wird, hängt auch von der Verfügbarkeit geeigneten Geländes ab.

Yamaha TRI Z 250

Kawasaki KSF 250 A
(Foto: Kawasaki)

Auf solchen Passagen können auch Trikes scheitern ...

Marken und Modelle

Viele Marken haben im Laufe der Zeit Motorräder für den Enduristen (oder dessen »Vorläufer«) gebaut. In diesem Kapitel werden die wichtigsten mit einer Firmen-Kurzgeschichte und einer Modellübersicht beschrieben.
Natürlich kann eine solche Übersicht nicht vollständig sein. Es gibt viele Hersteller von Kleinserien und Einzelstücken für Sport-Enduros und Wettbewerbsfahrzeuge, die Grenzen zum Tuner und Veredler sind meist fließend.
Andere europäische Hersteller wie BSA (England) und Bultaco (Spanien) mischten in den 60er Jahren noch munter im US-Markt der Scrambler mit. Da sie heute jedoch keine Rolle mehr spielen, werden sie kurzerhand weggelassen (die Fans verzeihen es sicher niemals). Umgekehrt wird ein Hersteller wie MZ eigentlich nur aus Pietätsgründen so ausführlich behandelt – weil es sich um eine einheimische Firma handelt und weil die Sporterfolge im Endurobereich nicht übergangen werden konnen.

Aprilia

1946 gründet der Schmied Alberto Beggio bei Venedig eine Fahrradfabrik. Den Fahrrädern verleiht er die Namen beliebter Autos, und sein Luxus-Modell wird nach dem Lancia Aprilia benannt. Aprilia als Markenname wird dann auf die ganze Firma übertragen. 1964 baut Aprilia ein erstes Moped. Am Ende der sechziger Jahre geht der Absatz der Mopeds zurück, und Aprilia steuert mit Geländeversionen dagegen.

1975 bringt Aprilia eine 125er Cross-Maschine heraus, die der Marke zu Rennerfolgen verhilft. Aprilias laufen in jener Zeit mit Hiro-Motoren, erst später folgen Rotax-Motoren.
Mit der Pegaso liefert Aprilia heute eine moderne Allzweck-Enduro, ein Funbike im besten Sinne.
1994 sorgt die Kooperation mit dem deutschen Hersteller BMW für Aufsehen. Unter bayerischer Qualitätskontrolle laufen in Italien die Einzylinder mit weiß-blauem Markenzeichen vom Band.

Aprilia Pegaso 650 (Foto: A&G)

BMW

Wie viele andere Motorradhersteller hat BMW seine Wurzeln im Flugzeugbau. 1913 übernimmt der Konstrukteur Karl Rapp die Münchner Niederlassung der Aachener Flugwerke Deutschland und gründet die Rapp-Motorenwerke. Diese Firma bleibt zunächst von Erfolglosigkeit gezeichnet.

Grundlegende Änderungen leiten dann die Wende ein. Max Friz kommt 1917 als Konstrukteur von Daimler aus Stuttgart nach München, der Firmenname wird in Bayerische Motoren Werke umbenannt, das noch heute bekannte Firmenlogo mit dem stilisierten Flugzeugpropeller entsteht.

Der Boxer

Das Versailler Abkommen von 1919 bedeutet das Aus für die Flugzeugproduktion in Deutschland. Die junge Firma scheint wieder einmal am Ende zu sein.

Ein Ausweg wird in der Produktion von Motorradmotoren gesehen. Von 1922 an wird der »Bayern-Kleinmotor«, ein längs angeordneter Boxermotor, von verschiedenen Herstellern eingebaut. Ein Jahr später präsentiert Friz dann die Lösung, die bis heute die Erscheinung der BMW-Motorräder prägen soll – den quer eingebauten Boxermotor mit Kardan-getriebenem Hinterrad.

Wehrmachtsgespann BMW R 75 (Foto: BMW)

BMWs im Gelände

Bei Gelände-Wettbewerben wie den *six days* werden BMWs seit 1933 auch abseits der Straße bewegt und können Erfolge erringen. Die politischen Verhältnisse im nationalsozialistischen Deutschland begünstigen den Motorsport im Gelände, letztlich dient auch er der Wehrertüchtigung. Der nahende Krieg braucht Motorräder und Männer, die sie lenken.

Das Wehrmachtsgespann

Unterdes avanciert die weißblaue Marke zum Wehrmachtslieferanten, und die technische Entwicklung gipfelt in der legendären BMW R 75 und der KS 750 von Zündapp. BMW liefert 16.500 Stück und Zündapp 18.635 dieser »Kriegselefanten«. Tatsächlich sind diese Gespanne die einzigen Maschinen, bei denen das Problem des Seitenwagenantriebs auf befriedigende Weise (und mit der unvermeidlichen deutschen Gründlichkeit) gelöst wird. Generell ist ein angetriebenes Seitenwagenrad in schwerem Gelände der beste Weg, für weiteren Vortrieb zu sorgen. Bei einfachen Gespannen kommt immer irgendwann der Punkt, an dem das Seitenwagenrad festhängt und das Hinterrad durchdreht. Nun kann man Hinterrad und Seitenwagenrad nicht einfach koppeln, ein Differentialgetriebe wie beim Auto muß her, damit Kurvenfahrten möglich werden. Denn bekanntlich drehen sich bei Kurvenfahrten kurveninnere und -äußere Räder unterschiedlich schnell. Darüber hinaus liegt die Achse des Seitenwagenrads nicht in einer Linie mit der Hinterradachse, sondern läuft aus Gründen der Fahrzeuggeometrie ein wenig vor.

Die Lösung dieses Problems bringt der Hinterradantrieb mit Ausgleichsgetriebe, welches das Drehmoment von der Kardanwelle entsprechend auf Hinter- und Seitenwagenrad verteilt. Dieses Getriebe wird für die Zündapp KS 750 entwickelt und dann auch in der BMW verwendet, was sich, wegen des anderen Vorlaufs des BMW-Gespanns, in

mangelnder Geradeausfahrt äußert. Boxermotoren sind damals keine Domäne von BMW, wie überhaupt im Zusammenhang mit dem Wehrmachtsgespann jedermann immer sofort an die R 75 denkt, während der Name Zündapp völlig zu Unrecht in Vergessenheit geraten ist.
Anders als in Deutschland sehen Engländer und Amerikaner keine große militärische Zukunft für Motorrad-Gespanne. Bei gleichem Fertigungsaufwand erscheinen vierradgetriebene Kraftwagen universeller einsetzbar. *»Häufig wird gesagt, daß jeder Dummkopf rasch lernt, auf vier Rädern zu fahren, aber um auf der Stelle mit den Schwierigkeiten eines Gespanns fertigzuwerden, braucht es mehr«*, schreibt Jo Axon in »Our Sidecars«. Mit anderen Worten: Beinahe jeder Soldat kann Auto fahren, manche fahren Motorrad, aber das Gespannfahren überfordert die Masse der Uniformierten.

Sechstagefahrten

Nach dem Krieg engagiert BMW sich wieder bei *six days* und anderen Geländeprüfungen. Basis sind stets der Zweizylinder-Boxer und die BMW-Einzylinder. Die viertaktenden BMW-Boxer sind in den 70er Jahren die letzten Kämpfer gegen die zweitaktende Übermacht.

Die R 80 G/S

Wie bereits an anderer Stelle in diesem Buch beschrieben, ist es eine Enduro, die das gesamte Motorradprogramm von BMW rettet. Innerhalb von nur neun Monaten gelingt es, unter Verwendung vorhandener Komponenten und mit Hilfe einer genialen Neukonstruktion, ein richtungsweisendes Motorrad auf die Räder zu stellen. Die R 80 G/S ist bei der Vorstellung 1980 nicht nur die hubraumstärkste Enduro, die Einarmschwinge mit Mono-Federbein gilt als aufsehenerregend.

BMW R 80 G/S (Foto: BMW)

Rallye-Erfolge

Im klassischen Geländesport können die Boxer schon lange nicht mehr gegen die neuen Generationen leichter und starker Zweitakter ankämpfen. Doch statt dessen eröffnet sich zu Beginn der 80er ein gänzlich neues Betätigungsfeld, das die Vorteile der hubraumstarken Viertakter so richtig herausstellt – der

Paris-Dakar-Replica von HPN (Foto: BMW)

Foto oben:
BMW R 100 GS
(Foto: BMW)

Foto unten:
BMW R 80 GS von 1990
mit Cockpitverkleidung
(Foto: BMW)

Rallyesport, mit der Paris–Dakar als bekanntester Veranstaltung. BMW gewinnt die Rallye 1981, 1983 und 1985. Nach dem tragischen Unfalltod des Rallye-Organisators Thierry Sabine löst BMW 1985 das Werksteam auf.

Obwohl die Rallye-Maschinen, vom BMW-Tuner HPN veredelt, mit der Serien-G/S nur wenig gemein haben, sind diese Erfolge ein wesentlicher Baustein zum Markterfolg der G/S, den BMW durch ein »Paris–Dakar« Modell mit Einzelsitzbank und großem Tank noch steigert.

Aus G/S wird GS

Beim Erscheinen der Einarmschwinge 1980 wird unisono die Verringerung der BMW-typischen Lastwechselreaktionen gelobt. Sieben Jahre später gelten auch sie noch als zu stark.

BMW präsentiert die Modelle R 100 GS und R 80 GS mit der neuen Paralever-Schwinge. Die Paralever-Schwinge soll die Lastwechselreaktionen des Hinterradantriebs nunmehr gänzlich minimieren.

Das alte G/S-Konzept wird von 1987 an noch für drei Jahre als Anfänger-Motorrad mit 27 PS (den damaligen Führerscheinregelungen entsprechend) als R 65 GS vermarktet, glücklos allerdings.

Auch von den GS-Modellen gibt es 1988 eine Paris-Dakar-Version, wiederum mit großem Tank, sowie mit Halbverkleidung und allerlei Rallye-»Schnickschnack« – die Kundschaft mag es so.

1990 nehmen dank einer Cockpit-Verkleidung auch die Basisversionen an Gewicht zu.

Abschied vom alten Boxer

Seit Erscheinen der BMW-Vierzylinder 1983 heißt eines der Marketing-Instrumente BMWs »Classic-Version«. Über zehn Jahre lang ermüden die Münchner nicht, limitierte Editionen als »allerletzten Boxer« anzubieten. Und die Kundschaft kauft (der Autor auch). 1995 kommt »zum Abschied« die R 100 GS Paris–Dakar Classic – die allerletzte, ehrlich! Reingefallen! 1996 bringt BMW mit der R 80 GS basic nach Jahren des »Schnickschnack-Kults« noch einmal eine leichte, puristische Basis-Enduro heraus. Mit dem kleinen Tank der Ur-G/S, deren Cockpit, aber der Paralever-Technik der neuen Modelle soll sie noch einmal den sportlicher orientierten Enduristen ansprechen. Auf dieses Modell haben GS-Enthusiasten jahrelang gewartet.

Vierventil-Boxer

Am Ende der Achtziger kann auch der Markterfolg der BMW-Enduros nicht darüber hinwegtäuschen, daß der Motor in die Jahre gekommen ist. Seit der Vorstellung der /5-Modelle 1969 sind alle Veränderungen nur Modellpflegemaßnahmen gewesen.

Die BMW-Vierzylinder, 1983 vorgestellt, erweisen sich zwar als erfolgreich, erreichen neue Käuferschichten, können aber das Boxerkonzept dennoch nicht verdrängen.

Verschärfte Umweltvorschriften zur Abgas- und Lärmentwicklung verlangen nach einem neuen Motor. 1993 kommt die R 1100 RS – mit ölgekühltem Vierventil-Boxer, digitaler Motorelektronik mit geregeltem Dreiwege-Kat, der neuartigen Telelever-Gabel und ABS-System bietet sie geballte Technik. BMW-Boxer sind nun nicht länger ein Fall für das Technikmuseum, sondern stehen technologisch an der Spitze der Motorradentwicklung.

Ein Jahr später kommt die R 1100 GS auf den Markt. Ihr unkonventionelles Styling weckt viele Emotionen, dennoch hat sie das Zeug zum Verkaufsschlager. 1994 ist die 1100er GS die meistverkaufte Enduro, obwohl die »alten« GS-Modelle noch im Handel sind.

Wenn der alte Boxer in der R 80 GS tatsächlich sein Modell-Leben aushaucht, dann klafft im BMW-Programm eine empfindliche Lücke zwischen der Einzylinder F 650 und der R 1100 GS. Wie diese Lücke demnächst wohl gefüllt wird, zeigt der Dortmunder BMW-Veredler Wüdo mit dem Konzept einer R 850 GS.

Einzylinder

Zwei Jahre nach der ersten Boxer-BMW erscheint 1925 die R 39 mit 250 cm³ Einzylinder-Motor und Kardanwelle. Zwei Jahre später endet das glücklose Modell-Leben. 1931 unternehmen die Bayern einen neuen Anlauf. Sie fertigen Einzylinder-Modelle mit

Foto oben:
BMW R 100 GS
Paris-Dakar Classic von
1995 (Foto: BMW)

Foto unten:
BMW R 80 GS Basic von
1996 (Foto: BMW)

BMW F 650 ST, die »Straßenversion« (Foto: BMW)

BMW F 650 (Foto: BMW)

200, 250, 300, 350 und 400 cm^3 Hubraum. Auch die ersten Nachkriegs-BMWs sind Einzylinder, die Modellpflege führt von der R24 bis zur R27, die im Jahre 1967 ausläuft. Auf Jahre wollen Forderungen nach einer »kleinen« BMW und Gerüchte darüber nicht verstummen. Zu Beginn der Neunziger verdichten sich die Gerüchte, 1993 steht wieder ein BMW-Einzylinder in den Läden. Dank europäischer Kooperation zu konkurrenzfähigem Preis, der auch die nunmehr mit Kostenproblemen kämpfenden Japaner nachdenklich stimmt. Bayerisch ist an der F 650 nur die Konzeption und das Marketing. Der Motor stammt von Rotax aus Österreich, die Montagebänder stehen bei Aprilia in Italien. Für BMW-Fans beinahe ein Sakrileg ist der Antrieb des Hinterrades über eine O-Ring-Kette. Dennoch ist die F 650 keine Aprilia, denn BMW hat kein Teil der Zulieferer unverändert übernommen. Auch die Qualitätssicherung stellt sicher, daß der Markenname nicht leidet.

Die F 650 ist auf Anhieb erfolgreich, ist aber (noch?) keine »echte« Enduro. BMW selbst wählt bei der Präsentation die Bezeichnung »Funduro« (daher die Modellbezeichnung F?) und sortiert den Flitzer damit in die Sparte der Funbikes.

Lesen

Gerold Lingnau: Freiheit auf zwei Rädern, BMW, Charakter einer Motorradmarke, Düsseldorf 1982

Stefan Knittel: BMW Motorräder, 60 Jahre Tradition und Innovation von der R32 zur K 100, Gerlingen 1984

Altmann u.a.: Faszination BMW GS, Weilerswist 1995

Cagiva

1928 gründet Giovanni Castiglioni in Varese eine Metallwarenfabrik, aus den Anfangsbuchstaben seines Nachnamens, Vornamens und der Stadt Varese bildet er den Namen Cagiva.
Fünfzig Jahre später kaufen seine Söhne Gianfranco und Claudio die italienischen Produktionsstätten von Harley-Davidson auf (siehe »Harley-Davidson«). Die neue Motorradmarke heißt zunächst noch »HD Cagiva«, später verschwindet das »HD«. Die neuen Eigner konzentrieren sich zunächst auf den MotoCross-Bereich.
Sie setzen auf Expansion ihrer neuen Marke und auf einen Konzentrationsprozeß in der europäischen Motorradindustrie. In den Folgejahren »sammeln« sie regelrecht italienische und europäische Markennamen und schmieden sie zu einem erfolgreichen Zweiradkonzern.
Als erstes wird 1983 Ducati in den Konzern integriert. Fortan rollen auch Cagiva-Modelle mit dem Ducati-V-Twin vom Band. Aus dieser Kombination entsteht als Rallyefahrzeug die Lucky Explorer, die zur Grundlage der Dakar-Siege von 1990 und 1994 wird. Aus der Rallyemaschine leitet Cagiva das Modell Elefant ab, das mit 750 und 900 cm^3 Hubraum angeboten wird.
1986 kauft Cagiva vom schwedischen Electrolux-Konzern die Husqvarna-Motorradproduktion (siehe »Husqvarna«), ein Jahr später, 1987, kommt der Bologneser Hersteller Moto Morini hinzu (siehe »Moto Morini«).
Eine Allzweck-Enduro mit 600 cm^3 Hubraum ist die Cagiva W 16, die in der Cagiva Canyon seit 1996 auch als Funbike daherkommt.
Nach dem Umbruch in Osteuropa stehen dort bekannte Marken vor der Privatisierung. Cagiva engagiert sich bei der traditionsreichen Marke CZ im tschechischen Strakonice.
1996 gerät Cagiva in Liquiditätsprobleme, trotz voller Auftragsbücher können Motorräder nicht produziert werden, weil Lieferanten keine Teile mehr liefern wollen. Cagiva löst die Schwierigkeiten, indem die Marke Ducati wieder aus dem Konzern herausgelöst und an einen amerikanischen Investor verkauft wird.

Ducati

Nicht etwa die Yamaha XT 500 begründet die Zeit der »Dampfhammer« in der Enduro-Klasse, nein. Zwischen 1968 und 1974 liefert Ducati Einzylinder-Modelle als 250er, 350er und 450er. Geländemotorräder im eigentlichen Sinne sind sie nicht, Ducati vermarktet sie denn auch, wie von Honda vorgemacht, als Scrambler. Das im Abschnitt »Geschichte« unter der Überschrift »Versagen in Europa« gebrachte Zitat zielt denn auch ganz explizit auf Ducati. Erfolg ist den Ducati-Scramblern nicht beschieden, die Gründe dafür liegen nicht nur in den mangelnden Geländeeigenschaften, sondern auch beim unzuverlässigen Motor.
Da Ducati bis 1996 zum italienischen Cagiva-Konzern gehört, gibt es heute wieder Enduros mit Ducati-Triebwerken (siehe »Cagiva«).

Gilera RC 600 (Foto: Schönhammer)

Kooperation mit Aprilia und Bombardier-Rotax
Ein deutsch-italienisch-österreichisches Motorrad-Kooperationsprojekt ist perfekt: Die BMW Motorrad GmbH in München, die Aprilia S.p.A., Motorradhersteller in Noale, und die Bombardier-Rotax GmbH, Motorenhersteller in Gunskirchen, haben jetzt entsprechende Verträge unterzeichnet. Ziel der Kooperation ist die Realisierung (...) eines Einsteiger-Motorrads.
Das Fahrzeug soll bei Aprilia im Zusammenwirken mit BMW entwickelt und auf den modernen Fertigungsanlagen von Aprilia in Noale gebaut werden. Es wird einen nach BMW Vorgaben modifizierten 650 cm^3-Einzylinder-Motor von Rotax erhalten. Synergie-Effekte verspricht man sich auch durch die Beteiligung gemeinsamer Teilelieferanten. Die Erfüllung aller BMW Erprobungsstandards und Qualitätsnormen ist selbstverständlich Bestandteil der Verträge.
Mit BMW und Aprilia kooperieren zwei erfolgreiche Motorradhersteller: BMW baute 1991 rund 34.000 Motorräder von 650 bis 1.100 cm^3, Aprilia produzierte im vergangenen Jahr 50.000 motorisierte Zweiräder von 50 bis 650 cm^3. Dieses erste echte europäische Motorrad-Gemeinschaftsprojekt ist – wie der kontinuierliche Übergang zu Systemlieferanten – ein weiterer Schritt in der neuen Strategie (...) zur Marktausweitung und Sicherung der Wettbewerbsfähigkeit.
BMW Pressemitteilung vom 5. Juni 1992

Für ein Geländemotorrad war die CL 72 recht groß, schwer und unhandlich und somit eher ein Straßenscrambler zum Fahren auf Asphalt als ein Fahrzeug für Geländeritte; sie machte allerdings viele Amerikaner, deren Hauptaugenmerk nicht der Teilnahme an Geländerennen galt, mit den Freuden gelegentlicher Ausflüge abseits der Straße bekannt. Das Motorrad, das parallel zum Straßenmodell verkauft und in den USA auch als „Hawk" bekannt wurde, machte einfach Spaß, was sich auch in den Absatzzahlen widerspiegelte, da es viele Freunde gewinnen konnte.
Roy Bacon in: Die frühen Hondas, Königswinter 1991

Honda CL 72 von 1962 (Foto: Honda)

Gilera

1909 baut der erst zweiundzwanzigjährige Guiseppe Gilera im italienischen Mailand sein erstes Motorrad. 1969 wird die Firma in den Piaggio-Konzern (»Vespa«) eingegliedert. Gilera engagiert sich im MotoCross und baut kleine Enduros mit 125, 250 und 350 cm³ vorwiegend für den heimischen Markt. Nach Deutschland gelangen um 1990 Enduros wie die RC 600 und ihr Nachfolger RC 600 C. Es gibt sogar eine straßenbereifte Funbike-Version, die RC 600 Nordwest.

Harley-Davidson

Der legendäre V-Twin aus Milwaukee in einer Enduro oder einem Scrambler? Heute ist diese Optik ganz im Trend der Zeit, welcher ehemalige, nun etablierte XT 500-Treiber würde nicht gern viele braune Scheine für einen solchen Hammer hinlegen? Tatsächlich zeigt 1996 der Harley-Veredler W&W Cycles eine derartige Studie auf Messen.

1960 kauft Harley-Davidson für den Schnäppchenpreis von 250.000 US-Dollar die italienische Motorradmarke Aermacchi. Von nun an entstehen im norditalienischen Varese kleine Einzylindermaschinen mit dem Harley-Schriftzug auf dem Tank. In einer Scrambler-Version wird auch bis 1974 die 250er Sprint geliefert, dann drehen ihr die japanischen Zweitakt-Enduros die Luft ab. Ein Jahr später kommt dann die Yamaha XT 500...

Honda

Wer hätte im zerstörten Nachkriegs-Japan geglaubt, daß hier einmal der Welt größter Motorradproduzent entstehen würde?

Gründung
Der Zweite Weltkrieg zerstört auch die Firma von Soichiro Honda, die Kolbenringe produziert. Im Oktober 1946 gründet der nunmehr vierzigjährige Honda das »Honda Technical Research Institute«. Zur Befriedigung der einfachsten Transportbedürfnisse im Nachkriegs-Japan montiert man hier Fahrräder mit Hilfsmotor, zuerst aus Fremdbeständen, später aus Eigenfertigung. Der Erfolg im aufnahmebereiten japanischen Markt stellt sich fast zwangsläufig ein. Weil Honda Wert auf qualitativ hochwertige Produkte legt, werden auch viele der Konkurrenten leicht überflügelt.

Der Sprung auf den Weltmarkt
Mit einem Roller-ähnlichen Gefährt, der Baureihe Super Cub, setzt Honda zum Sprung auf den Weltmarkt an. 1961 wird in Hamburg die *European Honda GmbH* gegründet. Geschicktes Marketing eröffnet mit dem Slogan *»You meet the nicest people on a Honda«* völlig neue Käuferschichten. Der Erfolg gibt den Honda-Leuten recht. Super Cubs sind leicht, bieten Wetterschutz und verfügen über einen sauberen leisen Viertaktmotor. Die

Baureihe wird zum erfolgreichsten Zweirad aller Zeiten.

Der Markenname Honda wird in den westlichen Ländern zum Sinnbild für japanische Motorräder schlechthin.

Scrambler

Hondas Enduro-Ahnenreihe beginnt jedoch mit einem Zweizylinder. Der erste Viertakt-Paralleltwin mit 250 cm³ wird 1957 in der C 70 vorgestellt. Drei Jahre später löst die überarbeitete CB 72 dieses Modell ab.

1962 folgt eine Modifikation dieses Modells, die CL 72. Zumindest optisch ist sie für den Geländeeinsatz vorbereitet: Rohrrahmen statt Preßstahlrahmen, hoher Lenker, 19-Zoll-Räder mit grober Bereifung, Steinschlagschutz unter dem Motor und klappbare gezackte Fußrasten. Honda nennt diesen Fahrzeugtyp von nun an »Scrambler«. Die Motorräder haben allerdings mit dem britischen *scramble,* dem Vorläufer des MotoCross nichts gemein. In Hondas Modellpalette bezeichnet ein CL von nun an den Scrambler. Die CL 72 gilt vor dreißig Jahren als schwer, doch 153 kg sind, im Vergleich zu heutigen Einzylinder-Enduros, kein schlechter Wert.

1965 erscheint die CB 450 und zwei Jahre später deren Scrambler-Variante, die CL 450. Honda stellt nun die Typenbezeichnungen so um, daß sie stets den jeweiligen Hubraum beinhalten. Es ist die Zeit der zahllosen Modelle und Versionen bei Honda, zu den hubraumstarken Twins gesellen sich 125er, 175er, 250er, 350er – und das jeweils in unterschiedlichen Varianten, unter anderem auch als Scrambler.

XL

Natürlich gibt es in den 60ern auch Einzylinder-Scrambler von Honda, allerdings nur in den unteren Hubraumklassen.

1972, dem Jahr der Olympischen Spiele in München, kommt dann der erste großvolumige Einzylinder von Honda in der SL 250 s, die schon kurz darauf in XL 250 umbenannt wird. Die XL läutet auch bei Honda eine Modellreihe »richtiger« Enduros (im heutigen Sinne) ein. Während die japanische Konkurrenz (traditionell) noch auf Zweitakter setzt, bietet Honda nun eine viertaktende Enduro. Der europäische Markt reagiert verhalten, doch in den USA ist der Erfolg der XL 250 überwältigend.

Witzigerweise gibt es als CL 250 noch eine (erfolglose) Scrambler-Version der XL, quasi einen Zwitter zwischen Enduro und Straßenmaschine. Der Scrambler erscheint 1982 auf dem Markt, als aus der XL 250

Honda CL 450 von 1966 (Foto: Honda)

Honda XL 500 S von 1979 (Foto: Honda)

58 Marken und Modelle

Honda XL 250 S, 1983 auf Tour in Schottland (Foto: Habermann)

Honda XL 600 RM

eine XL 250 R wird, die sich von der alten XL und der CL durch die Pro-Link Hinterradfederung unterscheidet.

In USA mögen 250 cm³ für ein Zweit-Motorrad oder Spaßmobil ausreichend sein, in Mitteleuropa gibt es schon nicht mehr genügend befahrbare Feldwege, um ausschließlich darauf zu verkehren. Für den Straßenbetrieb sind 250 cm³ jedoch etwas schmalbrüstig. Dennoch kommt die XL 350 von 1974 offiziell nicht nach Deutschland.

Honda präsentiert erst 1978 die XL 500 S, als Yamaha den Markt mit der XT 500 bereits aufgerollt hat. Im Gegensatz zur XT ist der XL-Motor wie bei der 250er ein Vierventiler.

Noch mehr Mut zur Abgrenzung gegenüber der XT beweist Honda 1982 mit dem zunächst noch gleichzeitig angebotenen Modell XL 500 R und dessen Zylinderkopf in RFVC-Technik. Das Hinterrad stützt sich per Pro-Link am Rahmen ab. Unmittelbar darauf folgt die aufgebohrte Version XL 600 R. Dessen Variante XL 600 RM wird komfortablerweise per E-Starter zum Leben erweckt, die Variante XL 600 LM soll mit größerem Tank der Ténéré-Konkurrenz das Fürchten lehren.

NX

1988 setzt Honda den »mutigen« Weg mit der NX 650 Dominator fort. Optisch dominiert diese Enduro durch die in den Tank integrier-

Honda NX 650 Dominator (Foto: Honda)

te Lampenverkleidung – eindeutig ein Schritt weg vom Geländemotorrad und hin zum Spaßmobil. Das geringe Gewicht und der durchzugstarke Motor tun ein Übriges dazu. 1992 ist auch der Kickstarter endgültig überflüssig.

Als »kleine Dominator« bietet Honda die NX 250 an, dank niedriger Sitzhöhe und E-Starter ideal für Enduristen mit kurzen Beinen. Die NX-Reihe leidet, trotz ihrer unbestrittenen Qualitäten, unter ihrem hohen Preis. Dieser mag wegen der perfekten Verarbeitung gerechtfertigt sein, läßt sich am Markt aber immer schwerer durchsetzen. 1996 senkt Honda deshalb den Listenpreis.

Wie auch bei der Transalp und (teilweise) der AfricaTwin versucht Honda bei der NX-Reihe, die bei Enduros scheinbar unvermeidlichen schrill-aggressiven Neonlackierungen durch einen eher dezenten Stil zu ersetzen.

Eine Art Straßenversion der Dominator ist das 1996 präsentierte »Euro-Bike« SLR 650. Es orientiert sich nicht nur konzeptionell an den Erfordernissen des europäischen Marktes, sondern wird hier auch montiert – im ehemaligen Montesa-Werk in Barcelona.

XLV 750 R

Hondas erster Versuch, 1985 in der von BMW begründeten Klasse der Zweizylinder-Reise-Enduros Fuß zu fassen, schlägt gründlich fehl. Die XLV mit nach neuester Honda-Philosophie längs eingebautem 750 cm^3 45° V-Twin und Kardanantrieb gilt als kopflastig und untauglich im Gelände.

Transalp

1986 unternimmt Honda einen zweiten Anlauf, stellt in Paris die Transalp 600 V vor und landet damit einen bravourösen Erfolg. Die Transalp ist eine teilverkleidete Reise-Enduro. Ihr 600 cm^3 V-Twin mit 52° Zylinderwinkel wird dem Tourer VT 500 entlehnt. Das Hinterrad wird über eine O-Ring-Kette angetrieben. *»Der runde und überaus weiche Krafteinsatz stellt ein ganz wesentliches Unterscheidungsmerkmal zu den großen Einzylindern dar. Untermalt wird diese Vorstellung durch einen sonoren, aber leisen Auspuffsound, der durch keinerlei mechanische Geräusche gestört wird.«*
Reiner H. Nitschke, in: Tourenfahrer 3/87

Honda XR 600 mit Acerbis-Tank in der tunesischen Wüste (Foto: Jonat)

Honda XR 650 L

In den folgenden zehn Jahren mausert sich die Transalp (erst ohne, später mit dem Enduro-Kürzel »XL«) zu einem ebenso beliebten wie zuverlässigen Alltags- und Tourenmotorrad.

Honda XLV 750 R (Foto: Schönhammer)

*Honda Transalp XL 600 V
(Foto: Honda)*

*Abb. rechts:
Honda XRV 650
Africa Twin
(Foto: Honda)*

Africa Twin

1988 gewinnt Orioli die Rallye Paris–Dakar mit seiner Honda NXR 750. Nun bietet sich Honda die Chance, den Rallye-Erfolg ebenso in klingende Münze umzusetzen, wie dies zuvor BMW mit den G/S-Modellen und Yamaha mit der Ténéré gelungen ist.

Mit der XRV 650 Africa Twin bringt Honda eine Zweizylinder-Enduro auf den Markt, die sich zwar an die Transalp anlehnt und dennoch eine andere Fahrzeugkategorie bildet. Die aggressive Lackierung und der große Tank unterstreichen dies. Von der Transalp unterscheidet sich die Africa Twin durch mehr Hubraum, vom Erzkonkurrenten BMW GS durch den Hinterrad-Antrieb per O-Ring-Kette.

1990 stockt Honda den Hubraum auf 750 cm^3 auf, gewinnt dadurch mehr Drehmoment und in der Marketingstrategie den notwendigen Abstand zur Transalp.

Lesen

Roy Bacon: Die frühen Hondas, Alle Ein-, Zwei- und Vierzylinder, einschließlich Rennmaschinen und Gold Wing 1947 bis 1977, Königswinter 1991

Christian Rey: Guide Motos Honda, Tous les modeles de 1964 a 1980, o.O. 1994

Husaberg

1986 wird die gesamte Fertigung der Husqvarna Motorräder von Schweden in das italienische Varese verlagert (siehe »Husqvarna«). Die verbleibenden Mitarbeiter wollen ihre Erfahrungen aber nicht in den Wind schreiben. Unter der Marke Husaberg bauen sie wieder Crosser und Sport-Enduros und nehmen damit 1989 erstmalig erfolgreich an Wettkämpfen teil.

1996 kann sich auch Husaberg dem allgemeinen Trend nicht verschließen und liefert seine Sport-Enduros auf Wunsch auch mit E-Starter.

BMW F 650
(Foto: BMW)

Mit Schneefall muß am Mt. Chaberton auch im September gerechnet werden.
(Foto: Jonat)

Auf dem Weg zum Mt. Chaberton. (Fotos: Jonat)

Die Auffahrt zum Passo di Tremalzo ist nicht nur wegen der Trassenführung beliebt, sondern auch wegen des Ausblicks auf den Gardasee.

*1991 zeigt Yamaha die brandneue XTZ 660 Ténéré in Nordafrika.
(Fotos: Yamaha)*

*Eine legendäre '83er XT 600 Z Ténéré
auf großer Fahrt im finnischen Norden.
(Foto: Ralf Habermann)*

Sanddünen in der tunesischen Sahara – Endurofahrers Traum.
Links: Traum
Unten: Wirklichkeit
(Fotos: Jonat)

Spanien bietet mehr als Bettenburgen und Sonnenbrände.
Oben:
In der Sierra Nevada
Rechts:
In den Pyrenäen
(Fotos: Ralf Habermann)

Warum in die Ferne schweifen...

...Enduro-Wandern in Mecklenburg.

*Gehört zum Abenteuer dazu:
Nacht unter freiem Himmel in
Mecklenburg.*

Husqvarna

Husqvarna ist zweifellos der älteste Markenname überhaupt, der den Tank eines Motorrades ziert.

Die Anfänge

Einundvierzig Jahre nach Beendigung des Dreißigjährigen Krieges, genau 1689, gründet Erik Dahlberg, Feldherr des Königs Karl X., im schwedischen Ort Husqvarna eine Manufaktur zur Herstellung von Musketen. Mit diesen Waffen soll Schwedens Großmachtstellung in Europa gesichert werden. Nicht nur das Baltikum, auch Teile von Deutschland – Vorpommern – sind in jener Zeit schwedisch.

1903 präsentiert Husqvarna ein erstes Fahrrad mit belgischem FN-Hilfsmotor. Für ihre späteren »richtigen« Motorräder kauft die Firma Motoren bei den Schweizer Firmen Motosacoche und Moto-Reve und der englischen Firma JAP. 1931 wird ein eigener 500 cm^3 V-Motor entwickelt, der zu bemerkenswerten Rennerfolgen verhilft und internationale Anerkennung schafft.

Vom Militär zum MotoCross

Husqvarnas Verbindung zum MotoCross entsteht letztlich durch die Stellung als Lieferant der schwedischen Armee. Unmittelbar vor Kriegsausbruch, 1936, stoppt die schwedische Armee diese Lieferungen und kauft deutsche DKW-Maschinen. Prompt bricht deren Ersatzteilversorgung wenige Jahre später (aus naheliegenden Gründen) zusammen. Nun entsteht die rein schwedische Militärmaschine »Svensk Armé-mc m/42« als Zusammenarbeit mit den schwedischen Firmen Albin (Motoren) und Monark (Fahrräder). Eine der treibenden Kräfte dieser Zusammenarbeit ist Stig Hasselroth, Chef des Panzerregiments in Strängnäs, das für die Motorradausbildung der Armee zuständig ist. Hasselroth läßt 1942 ein militärisches Übungsgelände für Motorradfahrer einrichten. Die dort praktizierte Form des Fahrens im Gelände nennt man englisch *scramble*, und sie inspiriert 1946 den Leiter des schwedischen Straßenrennens von Saxtorp, Axel Löfström, zur Einrichtung einer solchen Geländestrecke. Gleichzeitig beteiligt sich Löfström auf internationaler Ebene an der Ausarbeitung eines Reglements und an der Ausschreibung des MotoCross der Nationen.

Abhängig vom US-Markt

Der neu geborene MotoCross Sport erfreut sich in Schweden großer Popularität. Husqvarna liefert Motorräder dazu, sportliche Erfolge bleiben im Laufe der Zeit nicht aus – Husqvarna festigt seinen Ruf als erstrangiger Hersteller von MotoCross Maschinen. Durch den wachsenden Enduro-Boom in den USA gelingt es 1972, dort 10.000 Motorräder zu verkaufen. Der US-Markt entwickelt sich zur Stütze der Marke. Das geht so lange gut, bis aufgrund der hohen schwedischen Löhne die Preise derart steigen, daß der US-Absatz 1976 zusammenbricht. Unter dem Einfluß des schwedischen Electrolux-Konzerns (dem gleichen Konzern, dem heute auch der Haushaltsgeräte-Hersteller AEG gehört) wird der Motorradbau von der Muttergesellschaft gelöst und firmiert als eigene Gesellschaft.

1979 verspricht noch einmal ein Auftrag der schwedischen Armee Geld für die Kassen – in den Jahren 1980 bis 1981 werden 3.675 Stück des Modells 250 Automatic MP geliefert. MP steht für *multi purpose*.

Verkauf nach Italien

1985 steckt die US-Tochter wieder in Schwierigkeiten, und nun zwingt die Konzernmutter Electrolux Husqvarna zum Verkauf des US-Ablegers. Käufer ist die italienische Motorradschmiede Cagiva (siehe Abschnitt »Cagiva«). Electrolux hat in der Zeit eine Affäre mit einem italienischen Haushaltsgeräte-Hersteller und versilbert kurzerhand die gesamte Motorradproduktion.

Husqvarna 350 TE (1993)

Seit 1. März 1986 werden Husqvarnas im italienischen Varese, unweit von Mailand gebaut. 7.000 bis 8.000 Motorräder verlassen das Werk im Jahr, und davon gelangen etwa 300 bis 400 zurück in das Ursprungsland der Marke.

Die Enduro-Palette heute

Husqvarna liefert heute zwei zulassungsfähige Enduros, die beide reinrassige Sport-Enduros sind – die 610 TE und die 400 TE. Beide sind mit dem für die Marke typischen Viertakter ausgerüstet (siehe »Einzylinder«). Cagiva gelingt es, anfängliche Qualitätsprobleme gründlich zu beseitigen und profitiert vom jüngsten Trend hin zur Sport-Enduro. Die Jahresproduktion ist meist spätestens zur Jahresmitte ausverkauft.

Die mangelnde Vollgasfestigkeit der leichten Husqvarna-Motoren soll ein neuer Motor mit Ölpumpe abstellen, der auch Husqvarna den Rallyeeinsatz eröffnet. Der Prototyp einer solchen Rallyemaschine wird 1995 als 630 TE Rallye erstmals vorgestellt.

Lesen

Gert Ekström: Svensk Motorcykel Historia, Och 125 Svenska mc-märken, Hudiksvall o.J.

Cycle World on Husqvarna 1966–1976

Kawasaki

Die Geschichte der Marke Kawasaki beginnt 1878. In Tokio gründet Shozo Kawasaki eine Schiffswerft. 1901 kommt von Kawasaki die erste japanische Dampflok, später baut die Firma auch Flugzeuge. Im Zweiten Weltkrieg ist Kawasaki zu einem Rüstungskonzern geworden, der Kriegsschiffe und Jagdflieger baut.

Nach dem Krieg unterbinden die Siegermächte, wie in Deutschland, den Flugzeugbau. Kawasaki baut der Not gehorchend Getriebe und 150 cm³-Einzylindermotoren für

Motorräder, die an andere Hersteller geliefert werden.

Kawa holt auf

1960 kauft Kawasaki kurzerhand mit Meguro einen der ältesten japanischen Motorradhersteller, was der Marke auf einen Schlag zu einer kompletten Produktpalette verhilft. Dennoch ist gegenüber den japanischen Mitbewerbern ein Know-how-Rückstand noch unverkennbar. Um diesen Rückstand aufzuholen, werden weltweit Spezialisten angeheuert. Den Durchbruch am Weltmarkt bringt der Marke ein 500er Zweitakt-Dreizylinder, die legendäre H1 Mach III, die den Ruf Kawasakis als Hersteller sportlicher Motorräder begründet.

Zweitakt-Enduros

Für den US-Markt bietet auch Kawa Scrambler an. 1971 kommt als erste Gelände-Kawasaki die F5 nach Deutschland, ein 350er Zweitakter. Als F9 bleibt sie bis 1974 im Programm. Auch die 1972 eingeführte 250er F11 bleibt nur bis 1974 im Angebot. Von da an sind Kawasaki-Enduros auf Jahre hinaus nur mit den Modellen KS 125, deren Nachfolger KE 125 und der KE 175 auf dem deutschen Markt vertreten.

Die erste Viertakt-Enduro

1977 verpflanzen die Kawasaki-Entwickler den Motor der Z 200 in ein Enduro-Fahrwerk, allerdings nicht, ohne ihn zuvor auf 250 cm³ aufzubohren. Fertig ist die erste Viertakt-Enduro von Kawasaki. 1980 kommt aus den USA die fahrwerksveredelte KLX 250 als Sport-Enduro.

Die KLR-Reihe

Dennoch hinkt Kawasaki hinterher, denn bei Yamaha gibt's schon seit 1975 die XT 500. Eine große Enduro präsentiert Kawasaki erst 1984 mit der KLR 600, die eine kleine Sensation ist. Erstmals ist ein Enduro-Motor flüssigkeitsgekühlt – die Lufthutzen links

Kawasaki KLR 650 von 1996 (Foto: Kawasaki)

und rechts des Tanks werden von nun an das Styling vieler Enduros bestimmen. Die neue KLR verfügt auch über das Kawa-eigene Zentralfederbein-System Uni-Trak.

Ein Jahr später wird die KLR als KLR 600 E erneut zum Trendsetter. Das E steht für den neuen E-Starter. Die KLR ist die erste Einzylinder-Enduro mit dieser Starthilfe.

Mit der KLR 650 von 1986 tut Kawasaki einen weiteren Schritt weg vom leichten Sportgerät hin zur Allzweckmaschine. Der Hubraum wächst auf 650 cm³, der Kickstarter entfällt endgültig. Optisch konsequenter geht zwei Jahre später der Nachfolger Tengai diesen Weg, den Kawasaki als Reise-Enduro plazieren möchte. Am Markt entpuppt sich die Tengai nicht gerade als Renner, daher wird sie durch die sportlichere KLX-Reihe ersetzt. Doch Totgesagte leben bekanntlich länger. Wegen schärferer Lärmbestimmungen ereilt die Sportler 1995 das Aus, flugs schüttelt Kawasaki die KLR-Technik der Tengai wieder aus dem Ärmel – 1995 steht wieder eine KLR 650 in den Schaufenstern der Kawasaki-Händler zu einem günstigeren Preis als die KLX!

Funbike KLE 500

Die KLE verdankt ihre Entstehung ebenfalls dem Griff in den Baukasten. Die Kawa-Entwickler verpflanzten den Motor der

Kawasaki KLE 95 (1991)

GPZ 500 S in eine Enduro (und ebenso als EN 500 auch in einen Cruiser). So kommt auch Kawasaki zu einer Zweizylinder-Enduro, die sich jedoch sehr von anderen Zweizylinder-Enduros unterscheidet.

Der Motor der KLE lebt erst bei Drehzahlen so richtig auf, nicht gerade ideal für den Geländeeinsatz. Wegen des geringen Tankinhalts macht die KLE auch als Tourer keine gute Figur. Aber die richtige Schublade findet sich mit der Bezeichnung Fun-Bike, ein Marktsegment, das andere Hersteller, zum Beispiel BMW mit der F 650, später ebenfalls füllen.

Die KLX-Reihe

Nach dem Flop mit der als Reise-Enduro plazierten verkleideten Tengai setzt Kawasaki voll auf Sportlichkeit. 1993 kommt die KLX 650, mit nur 174 kg Gewicht, Perimeter-Rahmen und Upside-Down-Gabel.

»Locker voran heißt das Motto. Das ist schon eine richtig sportliche Gangart, die dieses Motorrad zuläßt. Und mit dem außerordentlich soliden Geradeauslauf wird die gesammelte Klassenkonkurrenz unter den Straßen-Enduros aus dem Feld geschlagen. Das sich daraus ergebende Gesamtfahrverhalten ist so gut, daß sich der Vergleich mit einer Sport-Enduro aufdrängt.«
Norbert Bauer, in: Enduro 7/93

Der KLX 650 wird noch eine KLX 250 mit konventioneller Gabel zur Seite gestellt. Als KLX 650 R gibt es eine nur 135 kg schwere Sportversion mit Kickstarter.

Lesen

Reiner H. Nitschke, Mike Barke: Kawasaki, Historie Modelle Technik 1961 bis 1991, Dümpelfeld 1991

KTM

Der Markenname KTM setzt sich aus den Anfangsbuchstaben der beiden Marken-Begründer Kronreif und Trunkenpolz und des Fertigungsstandorts Mattighofen zusammen. Seit 1934 existiert die Firma als Maschinenbaubetrieb von Trunkenpolz. 1951 läuft hier das erste Motorrad mit Rotax-Motor und dem Firmenzeichen KTM vom Band. Die Produktpalette umfaßt fortan neben kleinen Motorrädern Mopeds, Motorroller und Fahrräder.

MotoCross

Mitte der sechziger Jahre beginnt das KTM-Engagement im Geländesport. Unter Einfluß des italienischen Importeurs werden rasch sportliche Erfolge erzielt, die bekanntlich bis heute anhalten.

Hard-Enduros

1987 präsentiert KTM die LC4, eine flüssigkeitsgekühlte Viertakt-Enduro mit 600 cm³ Hubraum. Abgeleitet von der LC4 ist die Incas, eine alltagstaugliche Enduro mit größerem Tank und Gepäckträger.

Geschickt versteht es das KTM-Marketing, dieses Modellkonzept als »Hard-Enduro« unter die Leute zu bringen. Die Werbestrategen zielen genau in jene Lücke, die die immer überladener wirkenden japanischen Einzylinder-Enduros hinterlassen. Der Erfolg gibt den KTM-Leuten recht: 1991 sind 85 Prozent aller verkauften KTMs Viertakter. Ein weiterer Werbegag der Mattighofer trifft den Erzkonkurrenten Husqvarna. Der verkauft seine Enduros mit 577 cm³ Hubraum unter der Modellbezeichnung 610TE und täuscht damit Volumen vor, das nicht vorhanden ist. Was den italienischen Schweden recht ist, kann den Österreichern nur billig sein – die große KTM mit echten 609 cm³ mutiert zur 620 LC4.

Von 1992 an ist auch eine kleinere LC4 mit 350 cm³ Hubraum erhältlich, ab 1996 als 400er erhältlich.

Heute hat KTM die LC4 Reihe in drei Produktlinien aufgeteilt. Als Enduro erhält der Kunde eine alltagstaugliche Maschine mit Ausgleichswelle, 20-Liter-Tank und verstärktem Rahmenheck. Das andere Extrem

KTM 495 MX (Foto: Kiep)

MX – ein Virus?

Schnell ist die KTM 495 MX abgeladen. Nach 5 Minuten finde ich mich angeplünnt auf dem Gerät wieder und stehe wie jemand aus dem nächsten Bodybuilding-Studio da – superbreite Schultern, schmale Taille und baumstammdicke Beine... Die Ausrüstung (Brustpanzer, Stiefel und Helm) hatte neben dem Benzinkanister den ganzen Kofferraum ausgefüllt. Argwöhnende Blicke der anderen »Sonntagsfahrer« treffen mich. Eine gewisse Scheu gegenüber anderen Mitstreitern scheint allen Crossern mitgegeben. Als der Motor nicht gleich beim ersten Treten anspringen will, verwandeln sich die Blicke in ein schadenfreudiges Grinsen, gut verborgen hinter Helm und Dreck. Allmählich ergreift mich eine leichte Angst – nur nicht jetzt schon blamieren. Ein Stoßgebet – plötzlich erwacht der große Eintopf. Bollernd gibt er kund, daß die anderen Hirsche nicht mehr allein auf dem Platz brunften. Nun haben sich auch die letzten Zuschauer umgedreht. Meines scheint mal wieder das größte und lauteste Moped zu sein. Jedenfalls macht der Partner unter meinem Hintern jede Unterhaltung im Umkreis von 2 m unmöglich. Nach zwei Runden langsamer Fahrt meldet der Auspuff etwas glattere 2-Takte. Nun kann ich die Gashand spielen lassen. Das Hinterrad stellt sich nicht wie beim Straßenkrad quer, sondern krallt sich fest in den Boden und hinterläßt die einprägsame Handschrift des Künstlers. Der erste Gang hat schnell sein Limit erreicht, der zweite besitzt schon eine wesentlich größere Kapazität. Das reicht vom Anfahren über langsame Bergauffahrten bis hin zum schnellen Durchpflügen von tiefem weichem Sand. Die restlichen beiden Gänge eignen sich bestens zum Umpflügen von Bauer Piepenbrinks Feldern und zum schnellen highwaymäßigen Fahren an Dänemarks westlicher Küste (Strand). Nachdem die ersten schnellen Runden gedreht sind, versuche ich den Sprunghügel. Im zweiten Gang angekommen, in leicht nach vorn geneigter Haltung hoch, ein kurzes Ziehen am Lenker und schon will das Vorderrad gen Himmel. Während der Flugphase erlebt man ein unbeschreibliches Glücksgefühl. Die Fahrt auf den Wolken ist jedoch schnell vorbei, und schon versucht die Realität, mich hart auf den Boden der Tatsachen zurückzuholen. White Power-Feder-Elemente lassen mich in Watte landen. Irgendwann möchte ich mal anhalten. Da ich keinen Anker dabei habe, den man manchmal für Enduromotorräder benötigt, versuche ich es mit Vorder- und Hinterradbremse. Beide packen so kräftig an, daß ich die Maschine quergestellt vor meinem Auto zum Stillstand bringe.

Mit wackeligen Beinen steige ich ab, trinke einen Schluck Selters und schaue den vorbeibretternden Kollegen hinterher. Insgeheim überlege ich schon wieder, ob noch 'ne halbe Stunde drin ist...
ein wahrer Virus.

Andreas Kiep

Abb. oben:
KTM 620 LC4 Enduro
(Foto: Jonat)

KTM 620 LCA Competition

für den reinen Sportfahrer ist die leichte Supercompetition ohne Ausgleichswelle und mit leichtem Rahmenheck. Dazwischen liegt die »normale« Competition, mit dem Ausgleichswellen-Motor der Enduro und dem Fahrwerk der Supercompetition.

Als einziger Hersteller liefert KTM mit der Duke 620 E eine serienmäßige Maschine für das Super-Moto – gewissermaßen das Über-Funbike schlechthin.

Laverda

1873 gründet Pietro Laverda im italienischen Breganze eine Fabrik für landwirtschaftliche Maschinen. Sein Enkel Francesco legt fast 75 Jahre später, 1949, den Grundstein für Moto Laverda. Laverda erzielt Erfolge im Straßen-Rennsport und bringt 1973 die bemerkenswerte Dreizylinder-Maschine 1000 SFC auf den Markt.

Eine Enduro gibt es am Ende der achtziger Jahre auch im Laverda-Programm. Die OR 600 Atlas ist eine Reise-Enduro mit Zweizylinder-Reihenmotor.

Moto Morini

Der Italiener Alfonso Morini gründet 1946 diese Firma, die 1973 einen längs eingebauten V-Twin mit 350 cm^3 Hubraum entwickelt. In den achtziger Jahren entstehen daraus die Enduros Kanguro 350 und Camel 501. Für eine Zweizylinder-Enduro hat die Kanguro das bemerkenswert geringe Gewicht von nur 160 kg.

1986 geht Morini in den Cagiva-Konzern über (siehe »Cagiva«), die Enduros firmieren nun als Kanguro 350 und Coguaro 501.

Moto Guzzi

Zwei italienische Flieger, Gorgio Parodi und Giovanini Ravelli, teilen während des Ersten Weltkriegs mit ihrem Mechaniker Carlo Guzzi ihre Vorliebe für Motorräder. Ravelli kommt bei einem Flugzeugabsturz ums Leben, doch Parodi und Guzzi gründen 1919 die Marke Moto Guzzi und wählen in Erinnerung an ihre gemeinsame Fliegerzeit den Adler zum Firmensymbol. Moto Guzzi wird eine erfolgreiche Marke und kann im Laufe der Jahre viele beachtenswerte Rennerfolge erzielen.

Erfolgreiche Six Days

1957 tritt Moto Guzzi den Rückzug aus dem Straßenrennsport an und widmet sich statt dessen ab 1959 dem Enduro-Sport. Das Einzylinder-Viertakt-Modell Lodola wird Basis für Wettbewerbsmaschinen mit 235 und 175 cm³. 1962 folgt die 125er Stornello. Guzzi mischt erfolgreich bei nationalen Wettbewerben und den internationalen *Six Days* mit und setzt diese Sporterfolge unmittelbar am Markt um, indem die Firma Replicas der Wettbewerbsmaschinen anbietet.

V-Motoren

Unausrottbar ist die Legende, der legendäre Guzzi V-Twin sei eigentlich für eine Zementmischmaschine bestimmt gewesen. Tatsächlich ist der Motor ursprünglich für den Fiat Topolino konstruiert. Die Zusammenarbeit mit Fiat zerschlägt sich, Guzzi findet für den V-Motor aber Verwendung in einem dreirädrigen Spezialfahrzeug, das 1960–1963

Moto Guzzi NTX 650

an das italienische Militär geliefert wird. 1965 zeigt Guzzi in Mailand der staunenden Öffentlichkeit den ersten Prototypen der V7, die eine wahre Erfolgsserie einläutet. Der quer eingebaute V-Twin und die Kraftübertragung via Kardanwelle begründen den legendären Ruf der Guzzis neu.

Doch erst neunzehn Jahre später, 1984, greift Guzzi in den Baukasten und stellt gleich zwei Enduros auf die Beine – die V 35 TT und V 65 TT. Dabei mag der Wunsch Pate gestanden haben, sich an den Erfolg der BMW R 80 G/S anzuhängen. Die Abkürzung TT steht für »tutto terreno« (neudeutsch: all terrain). 1987 werden die TT-Modelle durch die NTX 650 abgelöst.

1992 versucht Guzzi erneut, diesmal mit der 1000 Quota, im Markt der Reise-Enduros Fuß zu fassen.

Moto Guzzi V 65 TT

Moto Guzzi 1000 Quota (Foto: A&G)

Lesen
Mick Walker: Moto Guzzi Singles, All two- and four-stroke single-cylinder motorcycles from 1920, London 1987
Mick Walker: Moto Guzzi Twins, Alle Zweizylinder V- und Reihenmotoren von 250 bis 1000 cm³, Stuttgart 1987

MZ

Das Motorradwerk im sächsischen Städtchen Zschopau ist bis 1989 der größte deutsche Motorradhersteller. Fast 80.000 Motorräder verlassen jährlich die Fabrik!

Gründung

1907 gründet der Däne Rasmussen in Zschopau eine Maschinenfabrik. 1918 bringt diese Fabrik einen Spielzeugmotor mit 18 cm³ Hubraum auf den Markt und nennt ihn »Des Knaben Wunsch« – Geburtsstunde der Marke DKW. Ein Jahr später liefert Zschopau unter dieser Marke Fahrräder mit 118 cm³ Hilfsmotor. DKW steht nun für »Das kleine Wunder«. Seit 1925 produziert Zschopau als erste deutsche Motorradfabrik am Fließband.

Weltgrößter Motorradhersteller

DKW expandiert, baut Autos und übernimmt die Audi. 1928 fertigt DKW 40.000 Motorräder und ist damit der Welt größter Motorradhersteller.
Zu Beginn der dreißiger Jahre strauchelt auch DKW in der weltweiten Wirtschaftskrise – die sächsischen Firmen DKW, Audi, Horch und Wanderer werden zur »Auto Union« zusammengefaßt.
Den Krieg übersteht die Fabrik nahezu unversehrt und weckt damit die Begierde der sowjetischen Besatzungsbehörden, die alle Produktionsanlagen komplett demontieren. Dennoch bauen die Zschopauer ihr Werk unermüdlich wieder auf.
Da die Rechte an der Marke DKW bei der neuen Auto Union im Westen des geteilten Landes liegen (heute im VW-Konzern), entsteht 1956 die neue Marke MZ.

MZs Sporterfolge

MZ beteiligt sich unermüdlich am Rennsport, auf der Straße und im Gelände. Sogar Mike Hailwood fährt für MZ und siegt 1963 in der 250er Klasse. Seit 1954 findet regelmäßig die Geländefahrt »Rund um Zschopau« statt.
MZ-Enduros werden auch von den DDR-Mannschaften gefahren, die regelmäßig an internationalen Wettbewerben wie den *Six Days* teilnehmen. 1987 gewinnt das DDR-Team zum letzten Mal die *Six Days* in Polen und wird Enduro-Weltmeister. 1990 findet noch ein Enduro-Weltmeisterschaftslauf in Zschopau statt, doch die Spitzenfahrer sind schon nicht mehr bei MZ unter Vertrag, schließlich schließt MZ die Sportabteilung.
Zu DDR-Zeiten bleiben MZ-Enduros stets Kleinserienprodukte, von der Lehrwerkstatt eigens für Wettbewerbszwecke gebaut. Grünes Licht für eine Enduro-Serienproduktion gibt es nie. Wohl spielt die Mangelsituation eine große Rolle, wohl aber auch ein systembedingtes Desinteresse an Marktbedürfnissen.

Keine Enduro am Markt

Wer nach der unter großen Schwierigkeiten erfolgten Privatisierung des Unternehmens eine Enduro erwartet hat, sieht sich enttäuscht. Zwar erhält das nun als MuZ firmierende Unternehmen von der Deutschen Marketing-Vereinigung 1994 eine »Auszeichnung für erfolgreiches Marketing«, worin das Marketing erfolgreich gewesen sein soll, bleibt Geheimnis der Juroren. Ein Erfolg am Markt bleibt MuZ jedenfalls versagt. Das Marktsegment der Enduros bleibt trotz der früheren Sporterfolge unbesetzt, sieht man einmal von dem eher biederen Modell Saxon Country 500 ab.

1995 verkauft MuZ trotz Motorradboom nur 2 800 Motorräder. Gleichzeitig wird in der Türkei mit den im alten MZ-Werk demontierten Anlagen die Produktion der ETZ-Modelle wieder aufgenommen und diese billig nach Deutschland importiert, ja, in den alten Zschopauer Werkshallen werden sogar 125er aus türkischen Teilen montiert.

Dies ist alles nicht geeignet, beim Kunden Vertrauen in hochqualitative MuZ-Produkte zu erwecken. Im Juli 1996 stellt MuZ Antrag auf Gesamtvollstreckung, doch wenig später erfolgt die Rettung durch einen Investor aus Malaysia.

Lesen

Peter Kurze, Christian Steiner: Motorräder aus Zschopau, DKW – Auto Union – MZ, Bremen 1994
Unter den verschiedenen Büchern zu diesem Thema zweifellos mit dem meisten »Herzblut« geschrieben und – wenn es einen Preis für die beste Gestaltung eines Motorradbuchs gäbe, dieses hätte ihn verdient.

Suzuki

Michio Suzuki gründet 1909 im japanischen Hamamatsu eine Fabrik für Textilmaschinen. Doch erst sieben Jahre nach dem Zweiten Weltkrieg, 1952, liefert Suzuki ein erstes Fahrrad mit 36 cm^3 Hilfsmotor.

Anders als die ebenfalls in Hamamatsu ansässige Firma Honda setzt Suzuki nicht auf Qualität, sondern auf niedrige Preise als Kaufanreiz. »Da nahm man auch gern die nicht immer tadellose Verarbeitung, die unschönen Schweißraupen und Schweißspritzer in Kauf« (J. Kuch in: siehe unten).

Erste japanische Firma im MotoCross

Mitte der sechziger Jahre steigt Suzuki erstmals in den internationalen MotoCross-Sport ein, doch der wird von kleinen europäischen Firmen dominiert. Kurzerhand wird der schwedische Cross-Fahrer Olle Petersson 1968 verpflichtet, eine wettbewerbsfähige Maschine zu präparieren. Originalton Olle Petersson: »In weniger als einem Monat hatte ich die neue RH 68, und ich war überrascht, denn sie hatten alles getan: den Rahmen verlängert, brachten die Schwingenarme auf die von mir gewünschte Länge, verschoben den Motor nach hinten, veränderten den Lenkkopf, wechselten die Gabeldämpfung sowie einige kleinere Änderungen. Wir waren bereit für das Rennen.« Das Ergebnis sieht einer Husqvarna nicht unähnlich, ist aber wesentlich leichter. Prompt wird Suzuki 1970 erstmalig Dritter der Cross-WM, dann purzeln die Siege: 71–73 Cross-Weltmeister in der 250er Klasse, 71–76 in der 500er Klasse. »Vom Zeichenbrett zur Weltmeisterschaft in fünf Jahren«, so titelt die US-Zeitschrift Cycle World die Suzuki-Erfolgsstory.

Die ersten Suzuki-Enduros

Zu Beginn der siebziger Jahre sind die USA der wichtigste Markt für Scrambler, Trailbikes und Enduros, wie auch immer man das Marktsegment zu jener Zeit nennt. Vom Er-

Die Kleinserien-Enduro von MZ ist wirklich vom Feinsten. Bereits lange vor Grenzöffnung hatte ich Gelegenheit, mir das Gerät anzusehen. Alu-Kettenkasten, Rahmen mit doppelten Unterzügen und eine hervorragende werkseigene Telegabel machten zusammen mit der für Enduros niedrigen Sitzhöhe das Fahren zum Genuß. Dazu kam der über 30 PS starke modifizierte TS 250/1-Motor, der wie das Serienmodell ordentlich „Bums von unten" hatte, aber mit wesentlich mehr Kraft zur Sache ging.

Was aussah wie ein Zentralfederbein-System, war keins. Zwei Stoßdämpfer stützten sich einerseits am Rahmen und andererseits am Querrohr der Schwinge ab, ohne unnötiges Hebelsystem, was nur schwer und wartungsaufwendig ist.

Das Motorrad wurde früher nur für Motorsport-Clubs in der DDR produziert (...). Die MZ-Werksmaschinen für Wettbewerbseinsätze waren übrigens völlig andere Modelle. Rahmen, Bremsen, Getriebe und vor allem Motor hatten nichts mit der Kleinserien-Enduro zu tun. Jedes Moped war in der Tat ein Einzelstück, von seinem Fahrer, beschäftigt in der MZ-Sportabteilung, selbst zusammengebaut. Das war im übrigen eines der Geheimnisse der Zuverlässigkeit der Wettbewerbsmodelle (...).
Hans Hohmann in: Stress-Press-International Nr. 56

*Suzuki TS 250 X
(Foto: Schönhammer)*

folgs-Crosser RH-70 gibt es ein *production model*, die Enduro TS-250R Savage. Savage bedeutet so viel wie wüst, wild, und paßt auf eine Enduro sicher auch besser als auf den heute verkauften Mini-Cruiser aus gleichem Hause. 1972 kommt die Zweitakt-Enduro auch nach Deutschland und wird bis 1984 unverändert verkauft. Parallel dazu gibt's noch die kleine Schwester, die TS 125.

1985 kommt noch einmal, völlig modernisiert, die TS 250 X – eine Sport-Enduro reinsten Wassers und die letzte Zweitakt-Enduro aus dem Hause Suzuki.

*Suzuki DR 500 S
(Foto: Schönhammer)*

Die Viertakter

Suzukis Antwort auf Yamahas XT 500 heißt 1978 SP 370. Allein, diese Antwort wird von der zweiradelnden Zunft nicht vernommen. Kein Wunder – die SP hat weniger Hubraum und ist leistungsmäßig hoffnungslos unterlegen. Beides Todesurteile am Markt.

Besser machen sollen es dann 1980 die DR 400 S mit Zweiventil-Motor und ein Jahr später die DR 500 S mit Vierventiler. Anders als die SP werden beide optisch den erfolgreichen Crossern angeglichen, doch wieder ohne Erfolg am Markt.

Eine völlige Neukonstruktion ist die DR 600 S von 1984, erstmals mit der Suzuki-eigenen Twin-Swirl-Combustion-Chamber und dem Suzuki Full-Floater Zentralfederbein. 1990 wächst der Hubraum zur DR 650 R, und 1993 kann auch Suzuki dem Trend zum Müßiggang nicht widerstehen und liefert die DR 650 RE Dakar mit E-Starter. Quasi die »Urlaubsversion« der DR ist die DR 650 RS mit größerem Tank und Lenkerverkleidung, als RSE auch mit E-Starter lieferbar.

Groß und Klein

Während andere Motorradhersteller in den achtziger Jahren mit zwei und noch mehr Zylindern Reise-Enduros auf die Räder stellen, wählen die Suzuki-Mannen den spektakulären Weg. Mit der DR Big 750 S stellen sie 1987 der Welt größten Einzylinder-Motor vor. Das Ganze garniert mit dem mehr als ungewöhnlichen »Entenschnabel«-Design. Wer hätte 1987 geahnt, daß BMW keine zehn Jahre später bei der R 1100 GS ziemlich ungeniert Anleihen bei diesem Design nimmt? Der große Erfolg bleibt erst dem modellgepflegten Nachfolgemodell DR Big 800 S von 1990 vorbehalten, dessen Hubraum nochmals um 50 cm^3 wächst.

Auch bei den kleinen Hubraumklassen ist Suzuki nicht untätig. 1982 erscheint die DR 250 S, abgelöst 1990 durch die DR 350. Die DR 350 avanciert zur »Sport-Enduro des kleinen Mannes«. In einer Zeit, da Lenkerverkleidungen und E-Starter auch bei Allzweck-Enduros zum unverzichtbaren Accessoire werden, geht die DR 350 zurück zu den Wurzeln: als Grundversion DR 350 S, als DR 350 SHC mit »Suzuki Height Control« und Upside-Down-Gabel sowie als DR 350 P im reinrassigen Sport-Trim. 1995 fällt dann auch die letzte Kicker-Bastion bei Großserien-Enduros dem bekanntlich unaufhaltsamen Fortschritt zum Opfer: Suzuki liefert nur noch die E-Starter-Version DR 350 SE.

Lesen
Cycle World On Suzuki Off-road Bikes, 1971–1976, Newport Beach
Joachim Kuch: Suzuki, Motorräder seit 1952, Stuttgart 1994

Triumph

Zwei deutsche Emigranten gründen im englischen Coventry die gemeinsame Firma Triumph, die 1902 ihr erstes Motorrad herausbringt. Bereits vor dem Zweiten Weltkrieg erwirbt sich Triumph einen legendären Ruf mit den Einzylindermodellen Tiger und dem Zweizylinder Speed Twin. Deutsche Bomben zerstören das Werk in Coventry vollständig, die Firma zieht um nach Meriden. Nach dem Kriege ergänzen so berühmte Namen wie Thunderbird und Bonneville die Tiger und Speed Twin.

Mit dem Niedergang der britischen Motorradindustrie setzt ein Irrweg ohnegleichen ein. BSA kauft Triumph und Ariel, es entsteht die dreizylindrige Trident. 1973 geht BSA in Konkurs, Triumph gelangt zu Norton-Villiers. Dort will man das Traditionswerk in Meriden schließen und die Produktion in den ehemaligen BSA-Hallen weiterführen. Dagegen rebelliert in Meriden die Belegschaft, gründet die Meriden Motorcycle Company und produziert weiter die Modelle Bonneville und Tiger. 1977 kauft Meriden alle Rechte an Triumph von Norton-Villiers zurück, doch das Jahr 1983 bringt den endgültigen Konkurs.

Übrig bleibt nur der Markenname Triumph. Die Rechte daran erwirbt der »Baulöwe« John Bloor, und er plant zugleich die Wiedergeburt der Marke. 1991 rollen in einer neuerrichteten Fabrik in Hinckley die ersten Triumphs vom Band. Perfekte Technik auf japanischem Standard verspricht das hoffnungsvolle Unternehmen den Kunden.

Suzuki DR 650 RE

Abb. oben:
Suzuki DR 600
(Foto: Jonat)

Triumph Tiger (Foto: Triumph)

*Die erste Groß-Enduro:
Yamaha DT1 von 1967 (Foto: Yamaha)*

Die Rechnung geht auf, der Markt nimmt die »neue« Triumph an. Aus dem Baukasten entsteht eine Vielzahl von Modellen, darunter 1993 die Enduro Tiger 900 mit Dreizylinder-Motor.

Yamaha

Wer kennt nicht die drei gekreuzten Stimmgabeln, das Markenzeichen Yamahas? Das Firmenlogo deutet es an – die Herkunft der Marke als Hersteller von Musikinstrumenten.

Firmengründung

1887 stellt der sechsunddreißigjährige Torakusu Yamaha im eigenen Betrieb die erste Orgel her. Vor den Experten der Metropole Tokio fällt das Instrument jedoch durch. Yamaha läßt jedoch nicht locker, studiert in Tokio Orgelbau und entwirft ein Jahr später ein zweites Instrument. Der geschäftliche Erfolg läßt nicht auf sich warten: 1892 exportiert Yamaha die ersten Orgeln nach England; und 1897 gründet Yamaha unter seiner Präsidentschaft den Konzern Nippon Gakki Co., Ltd.

Die ersten Motorräder

In den fünfziger Jahren sucht der Sohn des Firmengründers nach neuen Märkten. 1955 wird die Yamaha Motor Co., Ltd. gegründet, erstes Produkt ist die YA-1 mit 125er Zweitaktmotor. Zweitakter bilden nun die traditionelle Motorisierung der folgenden Yamahas. Noch bis in die 80er Jahre hat Yamaha mit der RD 350 einen beliebten Zweitakter im Programm.

Die erste Enduro

Zunächst macht es Yamaha der Konkurrenz nach – Straßenmaschinen werden, ein wenig modifiziert, als Scrambler vermarktet.

Yamaha gebührt jedoch der Verdienst, die erste eigens für diesen Zweck entworfene Großserien-Enduro auf die Stollenreifen gestellt zu haben. Die DT-1 ist für die Öffentlichkeit erstmals 1967 auf der Tokyo Motor Show zu sehen.

Yamahas erste Enduro hat alles, was für das folgende Jahrzehnt Maßstäbe setzt – einen 250 cm³ Zweitakt-Motor mit 21 PS, Doppelschleifenrahmen, Telegabel, 19-Zoll-Vorderrad, 18-Zoll-Hinterrad, Trommelbremsen und ein Trockengewicht von 105 kg. 1969 kommt die DT-1 nach Frankreich, 1971 auch nach Deutschland.

In den Folgejahren unterliegt die DT einer gezielten Modellpflege. Der schlitzgesteuerte Motor der DT-1 wird 1971 durch ein membrangesteuertes Triebwerk in der DT-2 abgelöst. Die DT 250 (auch Yamaha integriert nun, wie Honda, den Hubraum in die Modellbezeichnung) von 1973 rollt auf einem 21-Zoll-Vorderrad. 1977 kommt die DT 250 MX mit dem aus dem Cross-Sport stammenden Zentralfederbein in der Cantilever-Schwinge (siehe auch Abschnitt »Technik«) und einer elektronischen Zündung.

Hubraum-Variationen dieses Themas sind die AT-1 (1969), die zur DT 125 (1973), DT 125 MX (1977) und flüssigkeitsgekühlten DT 125 LC (1981) weiterentwickelt wird.

In der 175er Klasse entstehen die CT-1 von

1969, CT-2 (1972), CT-3 (1973), DT 175 (1973) und zum Schluß die in Deutschland sehr erfolgreiche DT 175 MX (1978).

Dem Verlangen nach mehr Hubraum entsprach 1970 die RT-1 mit 351 cm³ und 30 PS. 1971 folgte die RT-2 und 1973 die RT-3. 1974 mutiert auch die 360er Reihe zur DT. Die DT 360 rollt vorn ebenfalls auf 21 Zoll. 1975 wächst der Hubraum mit der DT 400. 1977 folgt die DT 400 MX mit Cantilever-Schwinge.

Die Zweitakt-Ära endet bei Yamaha 1981.

Die Dampfhämmer

Im amerikanischen Spielerparadies Las Vegas stellt Yamaha 1975 ein Motorrad vor, das als sensationell empfunden wird – die XT 500. Das X steht bei Yamaha für Viertakt-Modelle, das T für Trail.

Was ist Mitte der 70er so sensationell an einem derart simplen Motorrad? Es ist eben dessen Einfachheit. Der Markt ist übersättigt von kreischenden Zweitaktern. Hondas Viertakter huldigen der Philosophie Leistung aus Drehzahl, nicht aus Hubraum. Großvolumige Einzylinder mit Kraft aus dem Drehzahlkeller sind rar und nahezu ausgestorben (vgl. Abschnitt »Motoren« und »Ducati«).

Yamaha konstruiert »die XT« in simpler,

Yamaha DT 2 R von 1971 (Foto: Yamaha)

Wer kannte sie schon, die RT-1 von Yamaha. 1971 stand sie in Bremen beim Yamaha-Händler herum, und keiner wollte sie kaufen. War ja was Einmaliges, wie der Händler erzählte, gab es ganze 72 Stück davon in Deutschland. Also mir schwebte schon ein Zweitakter im Kopf herum, und natürlich mußte es Yamaha sein, also rein und wieder die Kämpfe mit dem inneren Schweinehund, RD 350 oder die Enduro? Der Vertrag liegt schon auf dem Tisch, der Senior gegenüber, und ich frage zum 100. Mal nach Rabatt für den Ladenhüter. »Is nicht«, sagt der Alte. Gut, ausfüllen für die RD 350. Zwei Minuten später kommt der Juniorchef rein und fragt, was ist. »Na«, sag ich, »350er Straße gekauft.« »Was«, sagt der, »ich geb' dir 10 Prozent, wenn du die Enduro nimmst.« »OK«, sag' ich, »und noch drei Prozent Skonto für Barzahlung«. Und schon war das Ding gelaufen. Nächsten Tag den Vibrator abgeholt. Und da

ging das Theater dann los: »Was hast du dir da angeschafft! Bist du wahnsinnig? Damit kannst du ja nicht einmal 120 fahren!«
Na, dann die Leute erstmal raufgelassen, und siehe da, kaum waren sie im Gelände verschwunden, konnte ich erstmal eine halbe Stunde auf meine Neuerwerbung warten. Ich habe die Kiste verkauft, so 1976 oder 1977. Ein paar Jahre später habe ich sie bei Louis in Hamburg wiedergesehen... Was würd ich geben, diese Maschine nochmal zu besitzen.
Rainer Richter in Stress-Press-International, Nr. 39

überschaubarer Technik und trifft damit den Nerv der Enduristen, die meist auch Selbstschrauber sind.

Gewisse Probleme beim Anlassen – ohne »Gewußt-wie« sieht man alt aus – tun dem Erfolg keinen Abbruch. Im Gegenteil – sie sind dem Macho-Image des kernigen Männermotorrads nur förderlich und schweißen die XT-Gemeinde nur um so stärker zusammen. Es kann halt nicht jeder...

Die XT 500 wird zu einem ungeheuren Erfolg. 1981 werden sogar 4.160 XTs in Deutschland verkauft. Zwischen der Markteinführung 1977 und dem Verkauf der letzten Lagerbestände 1991 geht in Deutschland mehr als 25.000mal der Fahrzeugbrief einer XT über den Händlertresen.

Zum kommerziellen Erfolg gesellt sich auch der sportliche Erfolg. 1979 und 1980 gewinnt Cyril Neveu die Paris–Dakar, 1981 wird Serge Bacou Zweiter. Alle starten mit modifizierten XTs.

1980 rundet die kleinere XT 250 das Viertakt-Enduroprogramm Yamahas nach unten ab. Im Gegensatz zu ihrer großen Schwester hat sie schon die Cantilever-Schwinge.

Glückloser Nachfolger XT 550
1982 plant Yamaha die Ablösung des Erfolgsmodells. Die XT 550 ist eine völlige Neukonstruktion mit Cantilever-Schwinge und stärkerem Vierventilmotor mit Ausgleichswelle (38 statt 33 PS). Dank neuem Rahmenkonzept können fünf Kilogramm

Yamaha XT 500 (Foto: Yamaha)

Gewicht gespart werden (133 statt 138 kg). Technisch wird der Vorgänger weit übertroffen, das Fahrverhalten verbessert sich beträchtlich. Trotzdem: Die Kundschaft mauert – sie will die alte XT, denn die 550er gilt als häßlich.

XT 600 Z Ténéré

Yamaha bastelt emsig weiter an einem Nachfolger, und dieses Mal gelingt der Coup, weil der Neuling optisch Anleihen bei den XT-Rallye-Modellen nimmt.

Eine Yamaha XT 600 Z Ténéré in voller Tourenbekleidung (Foto: Habermann)

Die »Zivilversion« XT 600

1983 folgt der Ténéré die »zivile« Version, schlicht XT 600 ohne Rallyedress. Die XT 600 bleibt bis heute die Allzweck-Enduro im Yamaha-Programm. 1989 gesellt sich die XT 600 E mit Elektrostarter hinzu, die »normale« XT 600 firmiert fortan als XT 600 K. Schließlich obsiegt auch bei der XT-Kund-

Yamaha XT 600 Z Ténéré 1990 (Foto: Yamaha)

Yamaha XT 600 E (Foto: Yamaha)

Dieses geschickte Gemisch aus Rallye-Optik und moderner Technik trifft den Geschmack der Kundschaft. Der Hubraum wächst auf 600 cm^3, doch sonst entspricht die 1982 vorgestellte XT 600 Z Ténéré technisch der XT 550. Lediglich die Cantilever-Schwinge ist mittlerweile überholt und wird durch eine Monocross-Schwinge ersetzt. 1987 ist die Ténéré Europas meistverkaufte Enduro.

Yamaha TT 350 von 1985

Yamaha TT 600 E (Foto: Yamaha)

> *Nun, es war vom Motor her gesehen ein schöner und vom Starten her ein abenteuerlicher Hammer. Da ging es noch zu wie bei den alten Vorderladern: Beim ersten Startversuch am frühen Morgen zog man den Ausheber für das Auslaßventil, bewegte nun am kompressionslosen Motor den Kolben mit dem Kickstarter in Richtung zum oberen Totpunkt so lange, bis die weiße Farbmarkierung hinter dem Fenster am rechten Nockenwellenende richtig stand. Natürlich wurde der Choke gezogen, die Zündung eingeschaltet, der Gasdrehgriff zugemacht. So – Heiliger Christophorus, hilf! – nun warf man mit dem Fuß den Kickstarter mit aller Kraft nach unten. Wenn man brav gewesen war, bullerte die Maschine ruhig los. War man nicht brav gewesen, dann fing das Theater von vorn an. Nach dem fünften Versuch mußte der Hammer ballern – ! Wenn nicht, dann wurde es schwierig.*
>
> Ernst Leverkus in:
> Die faszinierenden Motorräder
> der 70er Jahre, Stuttgart 1986

schaft der Müßiggang, 1995 läuft die XT 600 K aus.

Die XT 600 in allen ihren Variationen ist heute die meist verbreitete Enduro in Deutschland – etwa 30.000 Stück sind zugelassen.

Die Sport-Enduros

Schon gleichzeitig mit der XT 500 wird für den US-Markt eine sportliche Version TT 500 vorgestellt. 1983 folgt die TT 600 als sportlich abgespeckte Version der Ténéré mit (zu dieser Zeit im Geländesport noch für unverzichtbar gehaltenen) Trommelbremsen. Diese fast legendäre TT wird zehn Jahre lang nahezu unverändert gebaut.

In der 350er Klasse startet 1985 die XT 350 mit doppelter obenliegender Nockenwelle und Monocross-Schwinge.

1994 erscheint die neue TT 600 S, die von der italienischen Yamaha-Tochter montiert wird. Der Motor stammt von der »normalen« XT, doch Upside-Down-Gabel, Deltabox-Schwinge mit Öhlins-Federbein sind vom Feinsten. 1996 erscheint die TT 600 E mit Elektrostarter, dieser Fortschritt scheint auch bei Sport-Enduros unvermeidlich zu sein.

Fünfventiltechnik

Ende der 80er Jahre kann Yamaha der zweizylindrigen Konkurrenz in Gestalt der GS-BMWs oder der Honda Africa Twin nichts entgegensetzen. 1988 stellt Yamaha mit der XTZ 750 Ténéré den BMW Boxern und den Honda V-Twins einen Reihen-Zweizylinder mit 750 cm³ entgegen. Von den supersportlichen Straßenmodellen der FZR-Reihe stammt die innovative Fünfventiltechnik.

Drei Jahre später, 1991, wird die XTZ 660 Ténéré nachgeschoben, die Fünfventiltechnik kommt nun auch den Einzylindermodellen zugute.

Lesen

Andreas Schlüter: Motorräder die Geschichte machten, Yamaha, Die XT-Einzylinder, Stuttgart 1994

Cycle World on Yamaha Off-Road Bikes, 1970 – 1974

Schneider, Ronsdorf, Scheibe, Schottner: Profil einer Marke, Yamaha Motorräder seit 1955, Weilerswist 1990

Richard Verdelet: Guide Yamaha Motos, Tous le modeles de 1967 a 1984, o.O. 1995

Yamaha XTZ 660 Ténéré

Yamaha XTZ 750 Super Ténéré (Foto: Yamaha)

Fahren

Über den Autor der Fahrtechnik-Abschnitte, Jörn Denecke
Familiär unvorbelastet, stößt er mit 14 auf einen Endurofahrer, der ihm seine DT 175 für ein paar Runden auf einem Sandflecken anvertraut. Mit 16 bestreitet er auf einer Yamaha TY 50 Jugend-Trialwettbewerbe.
Mit dem Führerschein Klasse 1 ist der Weg offen zu regionalen lizenzfreien Endurowettbewerben. Einige Jahre MotoCross folgen, immer ohne Unterstützung und mit gehöriger Mißbilligung der Familie. Berufliche Veränderungen zwingen zum Pausieren, bis ihn das Virus Ende der 80er Jahre in Form einer Yamaha YZ 125 wieder packt.
1992 gründet er in Ahrensburg die Interessengemeinschaft Enduro und MotoCross, außerdem ist er als Instruktor und Reiseleiter für »Enduro-Fun Tours« tätig.

Das Fahren abseits befestigter Straßen ist für manch einen Endurofahrer ein völlig fremdes Gebiet. Heutzutage finden immer mehr Enduros ihre Käufer in den Kreisen, die selbst ein Motorrad vom Schlage einer KTM oder Husqvarna niemals mit Sand und Schmutz in Berührung kommen lassen würden. Flanieren vor der Disco oder mal schnell zur Eisdiele, das sind ihre Lieblingsbeschäftigungen – macht ja auch ordentlich was her, sich mit einem hochbeinigen Sportgerät als harter Stollenritter dem Volke zu präsentieren.
Die wahre Beherrschung einer Enduro – gemeint sind hier Allzweck-Enduros ebenso wie schwere Reise-Enduros – und das Können im Umgang mit der Technik zeigt sich jedoch erst auf losem Untergrund. Offroadfahren hat sehr viel mit Mut zu tun und mit dem ständigen geringfügigen Überschreiten der eigenen Grenzen. Hier fehlt es leider an Übungsmöglichkeiten im Deutschland des ausgehenden Jahrtausends. Dennoch – wer sucht, der findet auch.

Fahren im Stehen

Geradeaus zu fahren – die wohl einfachste Sache der Welt, wird jetzt manch einer denken. Im Grunde genommen schon, wenn man einige Regeln beachtet. Am sinnvollsten ist das Fahren im Stehen. Hierfür gibt es mindestens drei ganz entscheidende Gründe.

Mehr Fahrzeugbeherrschung
Erstens läßt sich das Motorrad besser beherrschen. Bodenunebenheiten oder seitliche Versetzer durch herumliegende Steine oder Stöcke können durch Verlagerung des Körpergewichts sicherer ausgeglichen werden.

Mehr Übersicht
Zweitens ist Übersicht die halbe Miete. Im Stehen lassen sich Bodenwellen, Kurven und Hindernisse schneller erkennen und einschätzen. Der Blick sollte bei einem geübten Enduristen mindestens 15 bis 20 Meter vor das Vorderrad reichen, je nach Geländebeschaffenheit. Wer mit dem Motorrad vertraut ist, kann seine Aufmerksamkeit um so mehr auf die Strecke lenken und muß nicht mehr so stark auf die eigene Körperhaltung achten.

Mehr Ausdauer
Der dritte Grund ist »knochenschonendes« Fahren. Wer kann nicht aus eigener schmerzvoller Erfahrung berichten, wie stark die ständige Beanspruchung des Skeletts sich auf Dauer auswirkt. Insbesondere die Wirbelsäule ist ganz erheblichen Stößen ausgesetzt. Wer schon mal das bockende Heck der Maschine nach einer plötzlich auftauchenden Bodenwelle in den Rücken bekommen hat, weiß, welche langwierigen Schmerzen damit verbunden sein können.
In die Praxis umgesetzt stellt man sich Arme und Beine als zusätzliche Stoßdämpfer vor. Alle Stöße und Energien, die das Fahrwerk des Motorrades nicht abfängt, werden durch die Extremitäten abgemildert. Deshalb stehe man niemals mit durchgestreckten Beinen in den Fußrasten, sondern winkele diese leicht an. Anfangs ermüdet die Muskulatur sehr rasch, Schwierigkeiten stellen sich ein. Mit

zunehmender Kondition (siehe »Kondition«) verschwinden diese Symptome von alleine. Vier Stunden Geländefahrt im Stehen erschöpfen dann weniger als die gleiche Distanz im Sitzen.

Armhaltung
Was für die Beine gilt, ist auch auf die Arme zu übertragen. Niemals ganz durchdrücken, sondern ebenfalls immer leicht anwinkeln, damit Lenkbewegungen und das Auf-und-Ab der Gabel ausgeglichen werden können.
Im Extremfall sind durchgestreckte Arme sogar sehr gefährlich. Angenommen, ein Baumstamm liegt quer über den Weg und das Vorderrad läuft mit hoher Geschwindigkeit dagegen. Erst kommt der horizontale Aufprall und dann im günstigsten Fall das Hochspringen des Vorderrades über den Stamm. Diese plötzlich freiwerdenden gewaltigen Energien würden direkt in die Handgelenke und Unterarme weitergeleitet werden und viel Arbeit (und Honorar) für den Unfallchirurgen bedeuten.

Körperhaltung
Das Körpergewicht ist beim Fahren im Stehen sehr weit nach hinten verlagert. Zum einen geschieht dies, um die Traktion des Hinterrades zu erhöhen, zum anderen, um das Vorderrad und die Gabel zu entlasten und somit leichter durch oder über Unebenheiten laufen zu lassen. Die leicht gebeugte Haltung auf dem Motorrad erfordert auf Dauer eine ausgeprägte Rücken- und Bauchmuskulatur. Die Knie liegen fest am Tank an, um Bewegungen des Motorrades zu stabilisieren und einen besseren Kontakt zur Maschine zu haben.

Fußposition
Die Füße stehen fast mittig auf den Rasten, Brems- und Schalthebel müssen so eingestellt sein, daß sie auch in dieser Position wirkungsvoll zu betätigen sind, ohne daß die Fußgelenke verkrampfen.

Lenker
Die Lenkerarmaturen mit den Handhebeln sind so einzustellen, daß sie sowohl im Sitzen als auch im Stehen gut und ermüdungsfrei zu betätigen sind. Um jederzeit zum Handeln bereit zu sein, sollten immer ein bis zwei Finger auf den Hebeln ruhen. Diese Hand- und Fingerhaltung ist zum Beginn sehr ungewohnt und anstrengend, weil sie den Eindruck mangelnden Haltes vermittelt. Eine Verkrampfung der Unterarme ist die Folge. Mit zunehmender Übung verschwindet auch diese Unsicherheit.

Im Sand

Ein besonderes Highlight ist das Fahren im Tiefsand. Von vielen gefürchtet, verliert diese spezielle Anforderung ihre Gefährlichkeit, wenn man weiß, wie den Eigenarten dieser Disziplin zu begegnen ist. Auf alle Fälle fährt sich das Motorrad im Tiefsand unruhiger als auf festem Boden und entwickelt hierbei eine ganz eigene Dynamik. Ein leichtes Schlingern bei fast jeder Geschwindigkeit ist völlig normal und sollte auch den Anfänger nicht verschrecken. Wichtigster Grundsatz ist, das Hinterrad mittels Gasgeben konsequent auf Zug zu halten. Nun wird manch einer einwenden, daß dies zu immer höherer Geschwindigkeit führt. Das ist nur begrenzt wahr. Sobald die Maschine zu schnell wird, kurz das Gas nur soviel zurücknehmen, daß der Motor immer noch am Gas rollt und die Gabel nicht zu stark eintaucht. Der lose Untergrund wird dann die Maschine so weit abbremsen, daß langsam der Zug wieder erhöht werden kann. Der häufigste Anfängerfehler ist, das Gas beim Fahren im Sand voll zurückzunehmen, wenn die ganze Fuhre zu schnell werden sollte. Damit wird der Grundsatz »Entlastung des Vorderrades« ignoriert. Die Folge ist Gewichtsverlagerung nach vorne, Eintauchen des Vorderrades in den Tiefsand – das Vorderrad stellt sich quer. Ein Sturz ist dann fast nicht mehr zu vermeiden. Da in unseren Breiten Tiefsand recht selten zu finden ist, tut es behelfsweise auch tiefer Schotter oder ein Kiesweg. Die Eigenbewegungen der Maschine sind fast identisch zum Tiefsandfahren.

Richtiges Bremsen

Wer im Gelände schnell sein will, muß auch das Bremsen auf losem Untergrund perfekt beherrschen. Vorder- und Hinterradbremse werden gleichzeitig betätigt. Ebenso wie auf der Straße leistet im Gelände die Vorderradbremse die entscheidende Arbeit.

Als Übung ist zu empfehlen, auf einer Geraden in stehender Fahrhaltung das Gefühl für Druck- und Blockierpunkt der Bremse auszuloten und sich behutsam zu steigern, bis auch ein blockierendes Vorderrad nur noch ein müdes Lächeln erzeugt. Das Gewicht dabei weit nach hinten verlagern, gegebenenfalls sogar das Gesäß leicht auf die Sitzbank drücken. Trotzdem noch auf die leicht angewinkelten Unterarme achten! Sehr kraftaufwendig ist es, das Motorrad stabil in der Spur zu halten. Der bereits erwähnte feste Knieschluß ist hierbei das entscheidende Hilfsmittel. Ist der Boden rutschig, so bremst man in Intervallen (»Selfmade-ABS«).

Immer daran denken, daß vor einer Kurve die Geschwindigkeit erreicht sein muß, mit der sie durchfahren wird – besser: durchfahren werden kann.

Kurven

Nach jeder Geraden kommt wieder eine Kurve – eine Binsenweisheit. Diese Kurve kann sehr eng sein, aber auch recht weitläufig. An dieser Stelle sei nochmals ausdrücklich auf die anfänglich geschilderte vorausschauende Fahrweise hingewiesen. Immer dann, wenn der Fahrer nichts Böses ahnt, kommt von vorn der überbreite Mähdrescher entgegen, ein pfeilschneller Mountainbiker im Downhill-Rausch, im Zweifelsfall sogar ein gleichgesinnter Endurist.

Kurven mit großem Radius

Weitläufige Kurven, wie sie auf jedem Feldweg auftreten, werden befahren wie eine Gerade – im Stehen. Das Motorrad dabei leicht in die Kurve legen, wobei der Körper immer weitgehend eine Linie mit der Maschine darstellt.

Je nach Höhe des Motorrad-Schwerpunktes ist das Legen in die Kurve leichter oder schwieriger zu bewältigen. Ein niedriger Schwerpunkt erleichtert das Legen vom Kraftaufwand her und aus Sicht der Kontrollierbarkeit. Ein hoher Schwerpunkt läßt das Motorrad plötzlich und unvermittelt abkippen. Das Legen erfordert immer eine ordentliche Portion Geschwindigkeit.

Ein kleiner Tip hierzu für die Fahrer von Enduros mit Frontverkleidungen. Diese Maschinen besitzen einen übermäßig hohen Schwerpunkt. Auch die auf große Reichweiten ausgelegten Tankvolumina begünstigen nicht gerade die Handlichkeit in Kurven. Mo-

Kurven mit großem Radius werden stehend durchfahren

torräder dieser Auslegung sollten in weitläufigen Kurven nicht gelegt, sondern gedrückt werden.

Hierbei neigt sich nur das Motorrad in die Kurve, der Fahrer bleibt fast in der Senkrechten zum Untergrund. Fängt die Maschine an abzukippen, so läßt sich mit Hilfe einer plötzlichen Verlagerung des Oberkörpers bei gleichzeitigem Hochziehen des Lenkers zum Kurvenäußeren das Fahrzeug leichter wieder aufrichten.

Für die beiden Fahrtechniken des Legens und Drückens gelten neben dem festen Knieschluß (man kann nur immer wieder darauf hinweisen) fast alle Regeln des Geradeausfahrens, insbesondere die lockere, leicht gebeugte Körperhaltung.

Ein nicht zu unterschätzender Aspekt ist allerdings, daß auf losem Untergrund beide Räder häufig bemüht sind, die Bodenhaftung zu verlieren. Hier liegt die Kunst darin, das Vorderrad etwas mehr als auf der Geraden zu belasten und gleichzeitig das Heck der Maschine mit behutsamem Gasgeben um die Kurve herumzusteuern. Durch beherztes, aber kontrolliertes Gasgeben zum Kurvenausgang hin kann man das Hinterrad zum Ausbrechen, zum Driften bringen.

Kurven mit engem Radius

Der nachfolgend stichwortartig geschilderte Verlauf, bestehend aus mehreren gleichzeitig ablaufenden Bewegungen, soll nach ausreichender Übung in Fleisch und Blut übergehen.

Am Kurveneingang

Heranfahren, wie im Abschnitt »Bremsen« geschildert, blitzartig beide Bremsen lösen (Finger trotzdem noch auf dem Handbremshebel), so weit wie möglich nach vorne rutschen und hinsetzen (Belastung für das Vorderrad), kurveninneres Bein weit nach vorne strecken (ganz minimal angewinkelt), die Fußspitze weit anziehen (90°-Winkel), kurvenäußeres Bein fest auf die Fußraste und ge-

Kurven mit engerem Radius fährt man besser im Sitzen

gen das Motorrad drücken (zur Stabilisierung), Motorrad in die Kurve legen oder drücken.

Das Drücken und Wiederaufrichten ist bei sitzender Fahrhaltung kraftzehrender als im Stehen. Trotzdem klappt im Gegensatz hierzu das Legen nur bei sehr schnell gefahrenen Kurven, die zugleich auch einen gleichmäßigen Kurvenverlauf aufweisen müssen. Also werden die meisten engen Kurven mit der Fahrtechnik Drücken gefahren. Die entstehende extreme Schräglage der Maschine ist Voraussetzung für hohe Kurvengeschwindigkeiten. Je schwerer der Fahrer im Verhältnis zum Motorrad ist, desto einfacher wird das Ganze.

Am Kurvenscheitelpunkt

Körperhaltung wie oben und Gas geben. Immer darauf achten, daß ausreichend, aber gut dosiert, Gas gegeben wird. Weshalb, wird weiter unten erklärt.

Am Kurvenausgang

Das Gas ist je nach Lust und Können fast bis zum Anschlag geöffnet, das Motorrad beschleunigt maximal. Das Gewicht lagert immer noch auf der Front, um ein Steigen des

Vorderrades zu verhindern. Der geübte Endurofahrerblick ist hierbei schon wieder auf die Strecke oder die nächste Kurve gerichtet. So schnell wie möglich wieder in den Fußrasten stehen!

Kurvenprobleme

Beim Einfahren in die Kurve rutscht das Vorderrad nach außen.
Ganz klar, die Geschwindigkeit war zu hoch oder die Spur wurde nicht richtig getroffen. Auf ebenem Untergrund kann man mit viel Übung durch kräftiges ruckartiges Beschleunigen das Hinterrad zum Driften bringen. Es versucht quasi, das ausbrechende Vorderrad zu überholen, und das Motorrad stabilisiert sich wieder in Fahrtrichtung. In tiefen Treckerspuren hilft eigentlich nur noch eine Notbremsung, weil das Hinterrad meist in der tiefen Spur bleibt und sich das Motorrad querstellt.

In der Kurve dreht sich das Vorderrad zum Kurveninneren, die Maschine kippt unvermittelt nach innen und dazu noch um.
Die Geschwindigkeit war zu gering und/oder die Schräglage zu groß. Macht nichts, typische Unsicherheit des Ungeübten. Beim nächsten Mal etwas mehr Mut zusammennehmen. Eine weitere mögliche Ursache könnte sein, daß die Sitzposition zu weit hinten war, so daß der kurvenäußere Arm beim Einlenken keine Wegreserven mehr hatte. Sollte die Kurve eine tiefe Spur aufweisen, so wurde wahrscheinlich das Vorderrad zu weit innen eingelenkt, der Reifen hat sich am inneren Rand festgebissen und den Lenker aus der Hand gedreht.
Der vordere Kotflügel an der Enduro ist der Kompaß. Er gibt den exakten Weg vor. Zeigt der Kompaß nicht genau in den Verlauf der Kurve, so wird fast immer irgendeines der oben genannten Probleme auftreten.

Hindernisse

Schnelles Fahren birgt auch im Gelände große Gefahren. Der vorausschauende Blick ist eine gute Sicherungsmaßnahme, doch letztlich ist es wichtig zu wissen, wie Hindernisse genommen werden.
In jedem Fall bei unklarer Lage den Notanker auswerfen (im Zweifel nochmals den Abschnitt »Bremsen« lesen).

Bodenwellen und -senken
Am häufigsten trifft man auf Bodenwellen oder -senken, Auswaschungen und Baumwurzeln. Nach Möglichkeit immer Hindernisse im 90°-Winkel anfahren.
Kurz vor einer Senke wird das Gas plötzlich ganz weggenommen, die Motorradgabel taucht ein, das Körpergewicht bleibt nach hinten verlagert und gleichzeitig wird ruckartig Gas gegeben. Man versucht, das Vorderrad zu entlasten, damit es leicht hinüberrollt oder sogar ohne Bodenkontakt hinüberspringt. Je höher die gefahrene Geschwindigkeit ist, desto einfacher wird sich das Vorderrad beim Überrollen der Kante selbständig vom Boden lösen. Der Gasstoß dient dann nur noch dazu, die Front des Motorrades leicht anzuheben, um nicht mit dem Vorderrad zuerst zu landen oder sogar gegen den Senkenausgang zu stoßen.

Springen
Bei hügeligen Wegen neigt das Motorrad zum Springen. Eine beliebte Disziplin fast jeden Endurofahrers. Ein Patentrezept zum Springen gibt es eigentlich nicht, sondern nur ein paar kleine Hilfestellungen, damit der Flug nicht in den Büschen endet. Als Übung dient ein leichter, gleichmäßig verlaufender Hügel von nicht allzu großer Höhe. Das Gewicht ist weit nach hinten verlagert (an die Federungsreserven der Arme denken!). Langsam ein paar Male überfahren und dann die Geschwindigkeit stetig steigern. Irgendwann wird das Vorderrad von ganz alleine ab-

heben, später sogar das Hinterrad. Ein Sprung kann nur mit federnden Gelenken bewältigt werden. Im Augenblick des Lösens vom Boden dienen die Beine als Fahrwerksverlängerung, sie werden leicht nach unten gedrückt, man macht sich »leicht« in den Fußrasten. Gleichzeitig verlagert man automatisch nach dem Abheben des Hinterrades das Gewicht Richtung Fahrzeugmitte oder sogar nach vorne, jedoch nur so weit, daß das Vorderrad nicht tiefer sinkt als das Hinterrad. In der Luft kann man die Maschine in fast jede Lage drücken oder ziehen, selbst in oder aus der Schräglage heraus. Dies erfordert viel Fingerspitzengefühl, da die fliegende Masse sehr sensibel auf jede Gewichtsverlagerung reagiert. Ein Gasstoß im Flug bewirkt das Aufrichten, ein Tritt auf die Hinterradbremse das Absinken der Front. Vor der Landung sollte das Hinterrad wieder die Drehzahl erreicht haben, mit der weitergefahren wird. Das Hinterrad setzt im Idealfall einen kurzen Moment eher auf als das Vorderrad.

Baumstämme und Felsen
Große Baumstämme oder Felsen werden langsam angefahren. Das Gas ganz zurücknehmen. Die Frontgabel taucht ein. Kurz bevor das Vorderrad gegen das Hindernis läuft, das Gewicht weit nach hinten verlagern und einen wohldosierten Gasstoß geben. Der Gasstoß darf nur so kurz sein, daß das Hinterrad ohne Zug ist, wenn es gegen und über das Hindernis rollt. Bleibt das Gas stehen, wird das gesamte Heck in die Luft geschleudert und der Fahrer verläßt sein bockendes Gefährt unsanft. Bei rutschigen Baumstämmen oder Felsen könnte auch das Hinterrad durchdrehen und zur Seite ausbrechen. Auch hierbei trennen sich Roß und Reiter meist sehr schmerzhaft.
Ist der Gasstoß wiederum zu klein, so wird das Vorderrad vielleicht gerade noch auf das Hindernis aufspringen, der Schwung reicht dann aber nicht mehr für den Rest der Maschine.

Gaswegnehmen vor dem Hindernis ist ein nicht zu unterschätzender Faktor. Durch die Verzögerung taucht die Gabel ein. Entlastet man nun das Vorderrad, wirken die Kräfte der ausfedernden Gabel unterstützend.

Mit einem kurzen Gasstoß über das Hindernis

Bergab

Steilhänge – die Mutprobe schlechthin für den weniger geübten Fahrer. Bergab die Angst vor dem Wegrutschen und Überschlagen, bergauf die Angst vor zu wenig Schwung oder Leistung. Beides muß nicht sein.

Die Entscheidung

Am Anfang steht das Bergabfahren. Das Motorrad steht vor der Kante, der Kotflügel weist in Richtung unendlicher Horizont und darunter diese tiefe Schlucht, die nun einmal ausgerechnet auf dem Weg liegt. »45° Gefälle, das schaffe ich niemals...« so oder ähnlich huscht es jetzt durch den Kopf. Der Angstschweiß rinnt, und beide Bremsen quetschen schon fast den Saft aus den Belägen. Ein guter Anfang – zumindest die betätigten Bremsen.
Also dann: ersten oder zweiten Gang einlegen und den linken Fuß auf den Boden stellen, langsam das Vorderrad über die Kante rollen lassen, dabei hintere und vordere Bremse gleichmäßig einsetzen und immer wieder zum Stillstand kommen. Das Gewicht so weit wie möglich nach hinten verlagern und immer mit dem linken Fuß sicheren Halt am Hang suchen. Das Motorrad kann hierbei ganz leicht nach links geneigt sein.
Sobald das Hinterrad die Kante überrollt hat, ist eine Entscheidung fällig. Rollen lassen oder im Schrittempo runter? Dies hängt von der Neigung und meist auch von der Haftungsmöglichkeit des Bodens und der Reifen ab.

Im Schrittempo

Will man es langsam angehen lassen, so übernimmt nun die vordere Bremse die Hauptarbeit. Wie beim Überrollen der Kante kommt man mittels beider Bremsen immer wieder zum Stillstand, wobei die hintere Bremse ab nun nur noch voll getreten wird.
Beim Betätigen der vorderen Bremse ist zu bedenken, daß riesige Kräfte auf ihr und damit auf der gesamten Front lasten, das Vorderrad neigt auch nach geringsten Umdrehungen zum Blockieren und Rutschen. So arbeitet man sich langsam den Hang hinunter. Ist bereits eine tiefe Spur vorhanden, so ist durch Verkanten des Vorderrades noch weitere Bremswirkung zu erzielen. Aber genau darauf achten, daß es nicht aus der Spur springt.

Rollenlassen

Irgendwann ist das Motorrad so weit nach unten vorgedrungen, daß ein Rollenlassen gefahrlos versucht werden kann. Das Gewicht immer hübsch weit nach hinten verlagern, den linken Fuß vom Boden lösen, in einer fließenden Bewegung in die Rasten stellen und im gleichen Atemzug die vordere Bremse loslassen. Die hintere Bremse bleibt im Zweifelsfall voll getreten, beim Herunterrutschen wirkt sich das stabilisierend auf das Motorrad aus.
Nochmals: das Gewicht muß beim Bergabfahren ganz weit hinten liegen, die Vorderradbremse wird bei starkem Gefälle nicht mal mehr angeschaut, sie darf im Geiste einfach nicht mehr vorhanden sein!

Bergab: Gewicht nach hinten verlagern

Stufen

Sollte das Gefälle Stufen oder senkrechte Abbrüche enthalten, so ist es auch hier fast tödlich, die Vorderradbremse zu benutzen. Falls die Stufe zu hoch ist, um langsam hinüberzurollen (Gefahr des Überschlagens), muß spätestens jetzt mit dem ultimativen Adrenalinstoß gerechnet werden. Im Rollen, in den Rasten stehend, ist ein gezielter Gasstoß zu geben, um mit dem Motorrad die Stufe hinunter zu springen. Die Geschwindigkeit, die mit dieser winzigen Handbewegung erreicht wird, ist nicht zu unterschätzen. Nach der Stufe besteht selten die Möglichkeit, wieder auf Schrittempo abzubremsen, weil die bergabziehenden Energien einfach zu groß sind. Letzte Chance ist also dann im weiteren Verlauf das Rollenlassen, wie oben beschrieben. Wer diese Übung gemeistert hat, darf sich glücklich schätzen, denn ihn kann eigentlich nichts mehr schrecken.

Bergauf

Nun steht der Endurist unten am Fuße des Berges und denkt, daß alles überstanden ist. Die Ernüchterung folgt sogleich, denn auf der anderen Seite geht es ebenso steil wieder bergauf. Wer heute noch einmal die Abendsonne sehen will, muß da hoch, koste es, was es wolle ...

Vorbereitung

Ausreichend Motorleistung steht zur Verfügung, es kann also nur noch an der Fahrtechnik liegen. Bei den meisten Maschinen ist die Sekundärübersetzung lang genug, es genügt der erste Gang. Es muß auf alle Fälle ausreichend Anlauf vorhanden sein. Steht die Anlaufstrecke nicht direkt vor der Auffahrt zur Verfügung, so ist zu prüfen, ob eventuell ein Herausbeschleunigen aus einer Kurve genügend Geschwindigkeit bringt. Alles klar?

Bergauf: in den Rasten stehen, Gewicht nach vorn und Vollgas

Auf geht's

Ersten oder zweiten Gang rein, Anlauf nehmen und spätestens am Fuß der Auffahrt in den Rasten stehen. Das Gewicht wird jetzt sehr weit nach vorne verlagert. Dies könnte im ersten Augenblick als Widerspruch zur nötigen Traktion des Hinterrades gesehen werden. Es ist aber wesentlich wichtiger, ein Überschlagen von Mensch und Maschine nach hinten zu verhindern, deshalb Gewicht nach vorn! Jetzt nur noch das Gas gnadenlos auf Anschlag halten.

Endlich oben

Häufigster Fehler beim Erreichen des Ziels ist es, zu früh Gas weg zu nehmen. Das Motorrad bleibt kurz vor dem höchsten Punkt am Hang hängen.

Natürlich darf auch nicht zu spät die Geschwindigkeit vermindert werden, da die Gefahr eines mächtigen Sprungs in unbekanntes Terrain besteht.

Als Übungseinheit wähle man eine kurze Auffahrt oder einen Hügel (es genügt schon ein größerer Sprunghügel auf einer Moto Cross-Piste). Ihn fahre man so langsam wie möglich und so schnell wie nötig im Stehen an und versuche, exakt auf der Kuppe zum Stehen zu kommen.

Stufen
Probleme beim Bergauffahren können die auch beim Hinunterfahren erwähnten Stufen bringen. Sollte absolut keine Alternativspur zu finden sein, so wird man an dieser Stelle mit den Armen sanft am Lenker ziehen und einen kleinen Gasstoß ausführen. Da hier die Gefahr des rückwärtigen Überschlagens immens groß ist, muß das Körpergewicht dabei trotzdem weiterhin nach vorne verlagert sein. Der Gasstoß darf, wie beim Überfahren von Hindernissen in der Ebene, nur so groß sein, daß das Hinterrad ohne Last hinüberrollt.

Um eventuell auftretende Illusionen von vornherein zu zerstören: Meistens geht das Bergauffahren mit Stufen schief. Zum einen ist eine Allzweck- oder Reise-Enduro kein leichter Hüpfer für Sporteinlagen. Meistens sind straßentaugliche Enduroreifen montiert, was mangelnde Bodenhaftung bei den geschilderten Gegebenheiten bedeutet. Eine ebene Spur ist halt immer noch die bessere Lösung.

Abflug
Schwierig wird es, wenn beim Bergauffahren aufgrund von falscher Gewichtsverlagerung das Vorderrad anfängt zu steigen. Dies passiert regelmäßig, wenn man statt im Stehen lieber im Sitzen einen Hügel hochzufahren versucht. Die Maschine kommt ins Schlingern, springt aus der Spur, und nur mit viel Glück läßt sich dann noch ein rückwärtiges Überschlagen verhindern.

Egal was beim Bergauf- oder Bergabfahren auch schiefgeht, die oberste Regel ist, das Motorrad vor dem Reiter zu Tal trudeln zu lassen. Manch einer fiel schon heil und gesund dank diverser Protektoren viele Meter weit bergab, um dann doch noch das Roß mit einem Vielfachen seines Eigengewichtes ins Kreuz zu bekommen.

Wenden am Hang

Da das Wenden am Hang bergab eigentlich nie klappt, egal mit welchem Motorrad oder bei welchem Gefälle, wollen wir uns gleich mit dem realitätsnahen Wenden beim Bergauffahren beschäftigen.

Das Motorrad bleibt hängen
Das Wenden am Hang wird notwendig, wenn das Fahrzeug beim Bergauffahren zu langsam ist oder aus einem anderen Grunde auf halbem Wege hängenbleibt. Im Moment des Anhaltens den linken Fuß von der Raste nehmen, beide Bremsen voll betätigen und festhalten.

Keine Angst, das Motorrad wird gerne ein Stück wieder nach unten rutschen, bevor es zum endgültigen Stillstand kommt. Auch das automatisch folgende tiefe Eintauchen des Hecks unter gleichzeitiger Entlastung der Vorderradgabel gibt einem schnell das Gefühl: Nun geht es abwärts!

Das Wenden beginnt
Tatsächlich beginnt jetzt die kraft- und nervenzehrende Arbeit, mit viel Gefühl für Bremsen und Gleichgewicht das Motorrad zu wenden. Hierbei leistet die bergabweisende Hinterradbremse die Hauptarbeit, wogegen die Vorderradbremse nur noch unterstützendes Beiwerk ist.

Die Maschine leicht nach links neigen und mit dem linken Bein abstützen. Zusätzlich den Lenker nach links einschlagen. Nun versuchen, das Fahrzeug langsam durch Rückwärtsrollen quer zum Gefälle zu stellen. Ist es gelungen, ist schon fast alles gewonnen.

Absteigen
Nun gilt es, die Hinterradbremse zu lösen. Weil ein sicherer Stand nötig ist, steigt man nach links vom Motorrad ab. Die Maschine ist im Zweifel extrem weit nach links zu kip-

pen – es ist immer besser, sie fällt zum Hang als bergab. Durch Hin-und-Herdrehen des Lenkers bei gezogener Vorderradbremse kommt die Front allmählich wieder in Fahrtrichtung bergab.

Wieder aufsteigen

In dem Augenblick, wo das Motorrad wieder gerade in der Spur steht, schwinge man sich wieder auf die Sitzbank. Die Hinterradbremse wieder zu Hilfe nehmen. Dann die Vorderradbremse lösen und sich in den Fußrasten stehend wieder talwärts rollen lassen. Nun die Bezwingung des Berges erneut starten – hoffentlich erfolgreicher.

Auf die harte Tour

Ist der Hügel sehr steil, so können eventuell die Bremsen und Reifenprofile das an ihnen zerrende Gewicht beim Stoppen nicht mehr halten.
Die einzig erfolgversprechende Lösung tut manchem fast in der Seele weh – Enduro nach links hinwerfen und abspringen. Danach ist es möglich, wie oben beschrieben zu wenden.
Reicht die Kraft zum Wiederaufrichten nicht aus, setzt man Schalthebel, Seitendeckel und Lenker einem Härtetest aus, indem die Maschine durch Zerren am Vorderrad liegend quer zum Hang oder sogar bergab gezerrt wird. Die anschließend meist markant eingeritzten Kratzer in fast sämtlichen Teilen auf der linken Fahrzeugseite, von abgerissenen Blinkern ganz zu schweigen, werden an diese Everest-Erstbefahrung noch lange erinnern und dem Ersatzteilhändler das Dollarzeichen auf die Pupillen zaubern. Aber was ist schon eine Enduro ohne sichtbare Einsatzspuren!

Training

Das Feilen an der eigenen Fahrtechnik und ständiges Training sind das A und O des sicheren Geländefahrens.
Man nutze also jede Gelegenheit zum Üben auf unterschiedlichsten Strecken und Böden. Klappt es nicht gleich so wie gewünscht, so suche man den Fehler zuerst bei sich selbst und nicht bei der Enduro.
Wenn sich die Gelegenheit bietet, ist es nützlich, erfahrene Wettbewerbs- und MotoCrossfahrer zu befragen. Die meisten von ihnen sehen auf den ersten Blick, was schiefläuft und können dann mit praktischen Tips weiterhelfen.

Geländesport

Auch demjenigen, der womöglich keinerlei Ambitionen zu sportlichen Enduro-Wettkämpfen hat, ist nur zu raten, zumindest einmal bei derartigen Veranstaltungen zuzuschauen.
Die lockere Atmosphäre im Fahrerlager, der meist freundliche Umgang der Konkurrenten miteinander und nicht zuletzt die Rennstimmung haben schon manch einen gefesselt und nie mehr losgelassen. Für den Hobby-

Verdammt hoch, diese Schienen! (Foto: Schönhammer)

Enduristen bietet sich mittlerweile vielerorts die Möglichkeit, selbst mitzufahren.

Enduro-Sport

Vorab möchte ich jedoch den Austragungsmodus erklären, der so grundverschieden zu einer MotoCross-Veranstaltung ist und der den Reiz einer Enduroveranstaltung ausmacht.

Ziel ist es nicht, in möglichst kurzer Zeit so weit wie möglich zu fahren oder so schnell wie möglich eine Strecke zu bewältigen. Vielmehr kommt es beim Enduro darauf an, mit Kraft- und Materialreserven zu haushalten.

Nennung

Auf dem sogenannten Nennformular trägt man seine persönlichen Daten sowie die technischen Daten des Motorrades ein. Automatisch ist man dann Starter in einer bestimmten Klasse, die meist nach Hubraum unterteilt sind. Auch wird häufig nach 4-Takt oder 2-Takt und Sport- oder Serienenduro unterschieden.

Typische Serienenduros sind zum Beispiel XT, DT, XL, DR, TS, KMX und KLR in ihren straßentauglichen Versionen. Bei der Suzuki DR 350 P (US-Sport-Ausführung) handelt es sich aber schon wieder um eine Sport-Enduro. Der Veranstalter hält einen Typenkatalog hierüber bereit und gibt entsprechend vorab auch Auskunft.

Mit und ohne Lizenz

Auch die persönlichen Voraussetzungen spielen eine Rolle, damit nicht zu unterschiedliches Fahrkönnen in einer Starterklasse vertreten ist. Unterschieden werden Lizenzinhaber, Mitglieder eines Motorsportvereins mit Clublizenz oder Fahrer gänzlich ohne Lizenz (und damit die typischen Hobby-Enduristen).

Ferner kann man für den Notfall die Kontaktadresse eines nächsten Angehörigen eintragen und gegen einen kleinen Aufpreis, meist für 3,– DM bis 10,– DM, eine Sportunfall-Versicherung abschließen, deren Deckungssumme zwar nicht sehr hoch ist (im Regelfall 30.000 DM), die aber die ärgsten möglichen Folgen eines Unfalls während der Veranstaltung abdeckt.

Das zu entrichtende Startgeld liegt zwischen 30 und 70 DM. Eine Startnummer läßt man sich tunlichst vorher reservieren, man erspart sich so am Starttag das lästige Aufbringen der Nummern im Fahrerlager unter Zeitdruck und Nervosität.

Vor dem Start

Eine halbe Stunde vor Startbeginn werden auf der Fahrerbesprechung vor versammelter Mannschaft Hinweise zum Ablauf, der Ausschilderung der Strecke und den Verhaltensmaßregeln im öffentlichen Straßenverkehr gegeben, an die sich jeder zu halten hat, da sonst Disqualifikation in Verbindung mit eventuell zu verhängenden Bußgeldern der Ordnungsbehörden von Polizei und Gemeinde drohen.

Starterkarte

Jeder Fahrer erhält eine Starterkarte mit einer aufgestempelten Uhrzeit, die seine persönliche Startzeit angibt. Zu dieser Zeit hat man sich mit ausgeschaltetem Motor am Start einzufinden. Auf das Zeichen des Fahrtleiters hin darf man seinen Motor starten und losfahren. Nur zwei bis drei Fahrer starten gemeinsam mit der gleichen Uhrzeit in einer Gruppe.

Auf der Strecke gibt es mehrere Durchfahrtskontrollen, an denen ein Stempel auf der Starterkarte die genaue Einhaltung des Streckenverlaufs belegt. Fehlen einem Stempel oder kommt sogar die Karte abhanden, hagelt es Strafpunkte.

Rundenzeiten

Für eine Runde, die etwa 30 bis 90 Kilometer lang ist, hat man eine vorgegebene Zeit zur Verfügung, die exakt einzuhalten ist. Wer früher oder später wieder im Ziel ist und seine Karte abstempeln läßt, erhält ebenfalls Strafpunkte. Ist man zügig durchgekommen und vor der Zeit wieder im Ziel, so hat man Gelegenheit, nun seine Maschine zu betanken und eine kleine Wartung vorzunehmen, damit alles wieder fit ist für die nächste Runde. Die Wartung darf nur durch den Fahrer selbst ausgeführt werden, eventuell anwesende Helfer dürfen nur das Werkzeug reichen.

Sonderprüfung
Meist ist eine Sonderprüfung auf der Fahretappe zu absolvieren. Dies kann je nach Anspruch der Veranstaltung eine Runde MotoCross auf Bestzeit sein, ein Cross-Country-Test (Höchstgeschwindigkeit in unbekanntem Gelände), dessen Start und Ziel nicht identisch sind, oder auch eine spaßige Kombination aus Geschicklichkeits-/und Kraftwettbewerben, wie Bierfaß-Weitwurf, Bungeelaufen oder ähnliches.

Ermittlung des Siegers
Hat man nun seine vorgegebene Rundenzahl gefahren, so wird mittels Computertechnik der Fahrer ermittelt, der die geringste Anzahl an Strafpunkten gesammelt hat.

Was hat man nun davon?
Der größte Vorteil einer Enduroveranstaltung, gerade auch für den unerfahrenen Enduristen oder den Anfänger, ist es, daß ein direkter Vergleich in wilder Hatz mit der Konkurrenz nicht stattfindet. Man fährt seinen eigenen Schnitt, je nach Können und Geländeverhältnissen. Erst am Ende des Tages weiß man, ob man vergleichsweise gut war oder noch etwas üben sollte.
Selbst dem Enduristen, der überhaupt keinen Siegesehrgeiz entwickelt, bietet sich auf einem lizenzfreien Endurowettbewerb wenigstens die Möglichkeit, ganz legal Gelände zu fahren, wo sonst nur Verbotsschilder stehen. Termine erfährt man aus den einschlägigen Fachzeitschriften oder bei örtlichen Clubs.

Rallyes
Viele große Rallye-Veranstalter bieten heutzutage sogar die Möglichkeit, Originalstrecken der großen Wüstenrallyes vom Schlage der »Dakar« im Vorwege beim Festlegen der endgültigen Route als Hobbyfahrer unter entschärften Wettbewerbsbedingungen zu befahren. Dieser Spaß ist allerdings nicht ganz billig und setzt auch schon einiges an Fahrkönnen voraus.

Lesen
Gewissermaßen das »Leib- und Magenblatt« der Enduroszene ist die monatlich erscheinende und (mit etwas Glück) am Kiosk erhältliche »Enduro«. Sie enthält neben Tests von Sport-, Allzweck- und Reise-Enduros jede Menge Hinweise zu Sportveranstaltungen.
Einmal im Jahr als Sonderheft der Zeitschrift »MO« erscheint die »Enduro-Welt«.

Selbst aktiv werden

Allein tut man sich auch als Endurist schwer. Erfahrungsaustausch und gegenseitige Hilfe sind (wie überall) unersetzlich. Im Gelände allein unterwegs zu sein, kann sogar recht unangenehm sein, wenn man mitten in der Pampa stürzt und kein Mensch ist weit und breit zu sehen...
Doch wie den Erfahrungsaustausch anstellen, wenn man niemanden kennt?

Die IG Enduro Ahrensburg
Irgendwann fiel mir die Menge der Endurofahrer im Bereich meines Wohnortes Ahrensburg bei Hamburg auf. Die meisten davon waren mir gänzlich unbekannt. So gründete ich im Jahre 1992 eine Enduro- und MotoCross-Interessengemeinschaft mit dem Ziel, so viele Leute wie möglich unter einen Hut zu bringen, die nur eines gemeinsam ha-

ben sollten – die Begeisterung für das Fahren abseits der Straßen.

In der Anfangsphase wurde eifrig die Werbetrommel gerührt. Hinweise erschienen bei regionalen Motorradmagazinen. Hinweiszettel lagen bei den großen und kleinen Motorradhändlern in der Umgebung aus. Der Erfolg ließ nicht auf sich warten.

Mittlerweile sind wir ein mehr oder weniger fester Haufen unterschiedlichster Färbung. Vom reinen Hardcore-Crosser bis zum Reisedampfer ist alles vertreten.

Alle zwei Wochen treffen wir uns regelmäßig zum Benzinklönen und planen weitere Unternehmungen. Dies sind Ausfahrten, Grillabende, aktive und passive Besuche von Sportveranstaltungen sowie gemeinsame Schrauberabende. Sich uns anschließende unerfahrene Enduristen erhalten auf Wunsch »Nachhilfe« in Fahr- und sonstiger Technik. Manche Motorradhändler gewähren den IG-Mitgliedern Rabatte auf Enduro-Verschleißteile und -Bekleidung. Alles ohne Zwang, feste Mitgliedschaft oder Mitgliedsbeiträge.

Enduristen entkommen aus einem Bundeswehr-Areal (Foto: Schönhammer)

Abseits der Straße

Ja, darf man denn das? Immer wieder unterstützen sogar namhafte Fachzeitschriften das ebenso irreführende wie falsche Gerücht, die Benutzung nicht asphaltierter Wege sei in Deutschland generell verboten.

Straßenverkehrsrecht

Die gesetzliche Regelung ist zwar unübersichtlich, aber dennoch eindeutig. Der Paragraph 1 der Straßenverkehrszulassungsordnung (StVZO) regelt die »Grundregel der Zulassung« zum Straßenverkehr: »Zum Verkehr auf öffentlichen Straßen ist jedermann zugelassen…« Und was, bitteschön, sind öffentliche Straßen? Auch darauf gibt der Paragraph 1 eine Antwort: »Als Straßen gelten alle für den Straßenverkehr oder für einzelne Arten des Straßenverkehrs bestimmten Flächen.«

Der Paragraph 2 der Straßenverkehrsordnung (StVO) regelt die »Straßenbenutzung durch Fahrzeuge«. Klipp und klar heißt es hier: »Fahrzeuge müssen die Fahrbahn benutzen… Seitenstreifen sind nicht Bestandteil der Fahrbahn.«

Nirgendwo nur ein Sterbenswörtchen von Asphalt. Das wäre auch schlimm für die Bewohner so manchen Dorfes im Mecklenburgischen, das auch sieben Jahre nach der Wende nur auf geschotterten Wegen zu erreichen ist. Diese Wege, ob man sie nun Feldwege nennen will oder wie auch immer, sind öffentliche Straßen und als solche benutzbar.

Verbot des Querfeldein-Fahrens

Der umgekehrte Schluß liegt natürlich ebenfalls auf der Hand. Abseits der Straßen, sprich querfeldein, darf in Deutschland tatsächlich legal nicht gefahren werden.

Verbotsschilder

Wer jeglichen Verkehr von einer öffentlichen Straße aussperren will, stellt ein Schild auf. Zuständige Behörden gehen hier unterschiedlich rigoros vor. Der Paragraph 41 der StVO bietet eine reiche Auswahl »Vorschriftzeichen«.

Richtiggehend gemein ist das Zeichen 250 »Verbot für Fahrzeuge aller Art«. Hier dürfen selbst Fahrräder nicht durch. Allerdings (man staune): »Krafträder und Fahrräder dürfen geschoben werden.«

Noch gemeiner ist Zeichen 255 »Verbot für Krafträder, auch mit Beiwagen, Kleinkrafträder und Mofas«. Dies ist das diskriminierende Verkehrszeichen der leidigen Streckenverbote für Motorräder.

Üblicherweise wird jedoch Zeichen 260 aufgestellt: »Verbot für Krafträder, auch mit Beiwagen, Kleinkrafträder und Mofas sowie für Kraftwagen und sonstige mehrspurige Kraftfahrzeuge«.

Zeichen 251 sieht man leider viel zu selten: »Verbot für Kraftwagen und sonstige mehrspurige Kraftfahrzeuge«.

Und wenn man nun trotzdem durchfährt? Dann trifft einen die ganze unerbittliche Härte des Gesetzes (wenn man denn erwischt wird). Die »Allgemeine Verwaltungsvorschrift für die Erteilung einer Verwarnung bei Straßenverkehrsordnungswidrigkeiten (VerwarnVwV)« listet diesen Tatbestand unter der laufenden Nummer 90.2 und verlangt ein Verwarnungsgeld von DM 20.

Inkognito

Besonders schlaue Enduristen wollen dem Erwischtwerden entgehen, indem sie ihr Kennzeichen abknicken oder gleich ganz abschrauben. Schlaumeier streichen das Kennzeichen mit Öl ein, »gut gegen Rost«, der Straßenstaub fängt sich im Öl, das Kennzeichen ist unleserlich – »oh, hab ich noch gar nicht bemerkt«!

Paragraph 23 StVO bestimmt »Sonstige Pflichten des Fahrzeugführers«. Dazu gehört, dafür zu sorgen, »daß die vorgeschriebenen Kennzeichen stets gut lesbar sind«.

Ist das Kennzeichen nicht mehr lesbar, erfüllt dies den Tatbestand der laufenden Nummer 69.3 VerwarnVwV und kostet DM 10. Also zehn Märker gespart!

Forstgesetze und Naturschutz

Alle bisher beschriebenen Vorschriften entstammen dem Straßenverkehrsrecht. Darüber hinaus gelten noch Forstgesetze und Naturschutzbestimmungen. Alle diese Vorschriften sind länderspezifisch und können daher hier nicht im Detail behandelt werden. Generell gilt: Ist ein Weg durch einen Wald nicht eindeutig als öffentliche Straße zu erkennen, zum Beispiel weil es sich um einen Durchgangsweg handelt, dann gilt auf Waldwegen generell Fahrverbot.

Noch strikteres Fahrverbot gilt in Naturschutzgebieten. Hier darf man selbst zu Fuß nicht vom Wege abweichen. Naturschutzgebiete sind generell tabu für jede Art Kraftfahrzeuge. Sie sind zwar eindeutig durch Schilder gekennzeichnet, diese Schilder sind aber in den alten und neuen Bundesländern nicht einheitlich. In der StVO wird man diese Schilder auch vergeblich suchen, denn sie werden durch entsprechende Naturschutzgesetze definiert.

Die Forst- und Naturschutzgesetzgebung hat auch eigene Vorschriften über Geldbußen, die bei Gesetzesverstößen zu zahlen sind. Hier kann es schnell teuer werden.

Verhalten unterwegs

Wie man in den Wald hineinruft, so schallt es heraus. Wußte Oma schon. Wer sich unflätig benimmt, muß sich nicht wundern, wenn er entsprechend ablehnend behandelt wird.

Ortsdurchfahrten
Ein verschlafenes Nest im Mecklenburgischen: Fünf Häuser am Waldrand. Es ist Sonntagnachmittag, die Sonne scheint. Kaffeetische sind gedeckt, Kinder spielen arglos auf der Dorfstraße, wie hier üblich ist sie nicht asphaltiert.
Plötzlich infernalischer Lärm. Sechs Sport-Enduros, neonfarbene Gestalten mit verspiegelten Brillen am Lenker, rasen in einer Staubwolke vorbei. Schreiend rennen die Kinder hinter die Gartenpforte. Der Staub legt sich nach etwa 10 Minuten wieder, auch auf die weiße Tischdecke der Kaffeetafel. Der Ärger indes legt sich nicht – er bleibt.
Ausgedacht? Ja – aber Ähnlichkeiten mit tatsächlichen Begebenheiten sind nicht rein zufällig, sondern unvermeidlich.

Spaziergänger
Es versteht sich von selbst, Fußgängern gegenüber Rücksicht zu üben. Die Geschwindigkeit auf Schrittempo zu drosseln, erscheint angemessen. Bei Kindern und alten Leuten (neudeutsch: »Senioren«) ist bekanntermaßen besondere Vorsicht geboten.

Radfahrer
Radfahrer lassen sich schlecht über einen Kamm scheren. Sonntagsnachmittags- und sonstige Gelegenheitsfahrer können eigentlich getrost in die Rubrik »Fußgänger« eingeordnet werden. Mountainbiker haben vieles mit Enduristen gemeinsam und werden daher gesondert erwähnt.
Allen Radfahrern gemein ist ihr reines Gewissen. Während die Enduristen laut und stinkend die vermeintlich unberührte Natur verpesten, sind Radfahrer ökomäßig völlig einwandfrei!

Mountainbiker
Mountainbiker teilen mit den Enduristen die Freude am Fahren abseits des Asphalts. Viele von ihnen sind sogar ehemalige Enduristen, die Krad mit Rad vertauscht haben, weil sie auch mal zu den »Guten« gehören wollen. Manche von ihnen sind sogar immer noch Enduristen, die das muskelbetriebene Zweirad als willkommene Trainingsmöglichkeit sehen. In Hamburg ist eines der kultigsten MTB-Geschäfte ein ehemaliger Lieferant für XT- und TT-Zubehör!
Mountainbiker sind bei Fußgängern beinahe verhaßter als Enduristen. Warum? Der arglose Wanderer hört die pfeilschnellen MTBler meist erst, wenn die Bremsen heftig pfeifen. Und erschrickt sich mächtig!
In vielen Gegenden erliegen die MTBler daher heute schon den gleichen Verboten wie Enduristen. Wie schön ist es doch, alles zu reglementieren!

Hunde
Zum Glück ist der treueste Begleiter des Menschen in mitteleuropäischen Ländern meist gesättigt, häufig wohlerzogen und nicht selten leicht degeneriert. Sein Jagdinstinkt wird durch vorbeifahrende Motorräder kaum noch ausgelöst. Doch es gibt auch Ausnahmen, und in südlichen wie östlichen Ländern werden diese Ausnahmen zur Regel.
Stürzt sich so ein kläffender Köter in Richtung nahendes Motorrad, so heißt es Ruhe bewahren. Nichts wäre falscher, als mit hektischen Lenkerbewegungen zu versuchen, dem Vierbeiner auszuweichen. Ein Sturz passiert dann schnell, abgesehen von den Sturzfolgen läuft der Endurist dann erst recht Gefahr, im Vorgarten zwischen Knochen verbuddelt zu werden.
Zum Glück rennen die meisten Hunde nicht

ins Vorderrad, sondern versuchen, in des Enduristen Füße zu beißen. Dies ist der geeignete Moment, Vollgas zu geben. Schnell weg, damit einen weder Hund noch Herrchen einholen.

Ernstzunehmende Broschüren über sicheres Fahren auf dem Motorrad ermahnen, unter keinen Umständen nach dem Hund zu treten. Der Autor sieht dies differenzierter: Es naht die Stunde der gepanzerten Cross-Stiefel, ein kräftiger Tritt kann zuweilen Wunder wirken!

Pferde

Pferde und deren Reiter sind ein besonderes Kapitel. Vielerorts herrscht die Meinung, Pferde seien generell besonders schreckhaft und hätten insbesondere Angst vor Motorrädern.

Das ist so nicht richtig. Richtig ist, daß auf deutschen Straßen und Feldwegen viel zu häufig Pferde unterwegs sind, die ihr halbes Leben im Stall verbringen und selbst an Tageslicht nicht gewöhnt sind. Richtig ist ferner, daß häufig Minderjährige und Ungeübte im Sattel sitzen, die das Pferd nicht sicher beherrschen. Einen obligatorischen »Reiterschein« gibt es leider nicht.

Diese Mixtur macht Begegnungen mit Pferd und Reiter so unberechenbar. Empfehlenswert ist es in jedem Fall, langsam zu fahren, eventuell anzuhalten. Auch der Reiter soll ruhig ein wenig Angst spüren – nennen wir es doch einmal beim Namen: Ohne Reit-Erfahrung mit einem noch dazu ängstlichen Gaul auf öffentlichen Wegen unterwegs zu sein ist mindestens so verantwortungslos, wie ohne Führerschein Motorrad zu fahren. Obwohl Reiter »hoch zu Roß« sitzen, trägt kaum einer einen Helm. Eltern, die ihre Kinder so loslassen, handeln zweifellos grob fahrlässig. Merke: Nicht der Endurist ist zwangsläufig schuld am scheuenden Roß, sondern auch dessen Halter! Wer Pferde in Osteuropa erlebt hat, weiß, daß sie nicht zwingend kopflos reagieren müssen.

Als Tourguide für eine Enduro-Freizeit ist der Autor einmal in Schleswig-Holstein mit einer Meute von zehn Enduros den Feldweg entlang einer Pferdekoppel gefahren. Die schnellen Vierbeiner haben sich in die Staubwolke eingereiht und die Enduros viele hundert Meter begleitet – keine Spur von Angst!

Kein unversöhnlicher Gegensatz: Pferde und Motorräder (Foto: Yamaha)

Grünröcke

Gern sind wir bereit, jeden, der sich grüngewandet im Wald mit Flinte, Hund und Geländewagen bewegt, als »Förster« zu bezeichnen. Häufiger handelt es sich jedoch um den Jagdpächter, der für das Recht zu jagen einen Haufen Geld bezahlt.

Man muß den historischen Hintergrund kennen, um den arroganten Auftritt dieser Spezies zu verstehen. Vor 2000 Jahren war Deutschland nahezu vollständig bewaldet, und dieser Wald gehörte jedermann. Die Menschen jagten und sammelten, was sie zum Leben brauchten.

Im 8. Jahrhundert sprachen die fränkischen Könige erstmals einen »Wildbann« aus und beanspruchten das alleinige Jagdrecht. Später stand die Jagd allein dem Adel zu. Die gar greulichen Geschichten von bösen Wildfrevlern sind also nichts weiter als überlieferte

Maßlose Arroganz
Die jetzt folgende Strecke ist auch dem allgemeinen Pöbel bekannt. Autos fahren da, Fahrräder, Wanderer latschen herum. Wanderer beanspruchen im allgemeinen Exklusivrechte, sie sind ja auch bessere Menschen, da sie zu Fuß gehen. Sie reagieren, obwohl wir bei ihrer Sichtbarwerdung generell maßlos langsam fahren, verärgert. Wo nehmen sie bloß diese Arroganz her?
Reinhard, Holzkirchen in: Stress-Press-International Nr. 68

Berichte des Aufbegehrens gegen die Obrigkeit. Heute leben wir in einem demokratischen Land, doch die Jagd hat sich ihren elitären Status erhalten, nur ist es heute das Geld, das adelt. In anderen Ländern Europas hat die Geschichte des Waldes einen anderen Verlauf genommen, dort ist die Jagd heute Volkssport!

Jagdpächtern beliebt es gelegentlich, sogar Fußgänger des Waldes zu verweisen. Man sollte sich vor Augen halten, daß ihr Hobby nicht mehr oder weniger verwerflich als das Endurofahren ist. Durch künstliche Zufütterung wird eine Überpopulation von Wild am Leben erhalten, damit es etwas zum Jagen gibt. Kein Grund also, ein besseres Gewissen zu reklamieren.

Für den Forstwirt gilt das nicht unbedingt so. Aber: Wer Monokulturen von Nadelhölzern zieht, unter denen keine Krautschicht gedeiht, darf sich nicht wundern, wenn diese Monokulturen das Opfer der Luftverschmutzung werden. Überschwere Holzverarbeitungsmaschinen erfordern übrigens die Befestigung von immer mehr Waldwegen. Ist das umweltgerecht, wenn tonnenweise Bauschutt in Schlammlöcher gekippt wird, damit der Maschinenpark nicht versackt?

Wer schreit, hat Unrecht!
Debatten am Wegesrand sind kaum fruchtbar. Nicht selten arten sie in beiderseitige Beschimpfungen aus. Wer sich zu Handgreiflichkeiten hinreißen läßt, steht am Ende dumm da. Die beste Lösung heißt: langsam heranfahren, freundlich nicken, und Tschüß!

Ein wenig Ideologie

Darf man heute überhaupt noch mit Motorkraft zu reinen Freizeitzwecken unterwegs sein, noch dazu in der unberührten Natur? Berechtigte Sorge um die Erhaltung einer lebenswerten Umwelt und die typisch deutsche Vorliebe, andere zu maßregeln, gehen bei der Bekämpfung motorsportlicher Aktivitäten in diesem Land eine eigenartige Symbiose ein.

Distanziere dich von den Chaoten!
In der Vergangenheit haben viel zu viele Motorradfahrer rücksichtslos von ihrem Recht auf das Fahren Gebrauch gemacht. Das Hirn zu Hause auf dem Nachttisch liegenlassen, rauf auf den Bock und dann Gas auf Anschlag. Bei jedem Spaziergänger oder Reiter nochmals ein bis zwei Gänge runterschalten, riesige Steinfontänen als Geschosse abfeuern und die kopfschüttelnden bis fluchenden Mitmenschen in Staubwolken hüllen, daß auch dreißig Minuten später noch der Hustenreiz die Lunge quält. Ja, diesen netten Zeitgenossen haben es die verantwortungsbewußten Enduristen zu verdanken, daß fast jeder Weg mit dem wohlbekannten rotumrandeten Schild versehen ist.
Distanziere dich deutlich von der Fraktion der Chaoten in den eigenen Reihen.
Jörn Denecke, Ahrensburg

Befahrt Feld-, Wald- und Wanderwege!
Und wie sich das so mit Minderheiten gehört, wird diese niedergemacht, als Umweltzerstörer, Krachmacher und was weiß ich noch. Genauso akribisch wie erfolgreich wird versucht, auch die letzten wenigen Geländestrecken in Deutschland zu sperren. (...) Niemand wehrt sich dagegen. Die Organisationen nicht, wie OMK, ADAC etc. Die (...) Medien, abgesehen von der Fachpresse, sowieso nicht. Enduro- oder MotoCross-Veranstaltungen werden ignoriert. Selbst die Mitglieder dieser Minderheit scheinen wie gelähmt zu sein. (...)

Steffen ruht sich mal wieder aus...
(Foto: Schönhammer)

Resignieren? Niemals! Wehrt euch, erregt Aufmerksamkeit, regt zu Diskussionen an. Wie? Na ganz einfach: Schließt euch in Gruppen zusammen, (...) und ab geht's ins Gehölz. Befahrt Feld-, Wald-, und Wanderwege! Aber gesittet bitteschön. Trefft ihr auf Wandervolk oder auf die Vertreter von Ackerbau und Viehzucht, haltet an und redet mit den Leuten.
Unternehmt jedes Wochenende Ausfahrten. Weigert euch, Ordnungsstrafen zu bezahlen. Zwingt die Hersteller und Vertreiber von Geländemotorrädern dazu, sich stärker zu engagieren. (...) Benutzt die Lokalpresse, um auf euch aufmerksam zu machen. Weist darauf hin, daß ihr durch Verbote in die Illegalität, sozusagen in den Untergrund abgedrängt werdet. Was ist denn mit dem »Truppenübungsplatz Lüneburger Heide«? Was ist denn mit den Geländen in den neuen Bundesländern, die jahrelang vom russischen Militär oder zum Braunkohleabbau »genutzt« wurden? Möglichkeiten, vorhandenes Geländepotential legal zu nutzen, gibt es genug.
Wer sich nicht wehrt, wird niedergemacht. Die sanfte Welle, »ach-rühr-mich-nicht-an« und immer schön zurückhalten, bloß nicht auffallen, (...) hat nichts gebracht.
Kenneth Woods, Goslar (eingesandt an »Motorrad« und veröffentlicht in der Rubrik »Zündbox«)

Auf der Straße

Im Asphaltdschungel lauern gänzlich andere Gefahren auf den Enduristen als im vergleichsweise »sicheren« Gelände. Auf unbefestigtem Grund hat es der Fahrer allein in der Hand, ob er im Sattel bleibt oder nicht.
Auf der Straße sind die anderen Verkehrsteilnehmer die große Unbekannte, die für den Enduristen gefährlich werden. Diese Gefahrenquellen unterschätzt der Endurist gern. »Mir kann keiner« heißt die Devise, welcher Straßenfahrer kann seine Maschine schon so beherrschen wie der geübte Endurist? Den beim Linksabbiegen träumenden Blechdosenlenker kümmert dies freilich wenig.
Das Institut für Zweiradsicherheit hat schon vor Jahren einmal eine Auflistung aller zweiradspezifischen Gefahrenquellen erarbeitet. Diese systematische Auflistung erlaubt eine bewußtere Fahrweise, wenn man sie denn aufmerksam verarbeitet. Man achte auf entsprechende typische Situationen im täglichen Verkehr. Viele Unfälle ließen sich vermeiden, wenn genügend Fahrer einen »siebten Sinn« entwickelten.

Verkehrsunabhängige Situationen

Eine tückische Beschaffenheit der Fahrbahnoberfläche sollte dem Enduristen nicht entgehen, ihm auch (hoffentlich!) nur wenig Schwierigkeiten bereiten. Das Baumaterial der Fahrbahndecke ist nicht ohne Einfluß auf das Fahrverhalten. Ob Asphalt, Teer, Kopfsteinpflaster, Blaubasaltpflaster, Kies oder Sand – die Haftung der Reifen kann beeinträchtigt sein.
Schon tückischer, weil überraschend auftretend, können begrenzte Änderungen in der

Sicher, es wurde hier von mir absichtlich etwas provoziert und überzogen, aber leider mußte ich an den (wenigen) Reaktionen feststellen, daß tatsächlich wenig Handlungsbedarf sowohl bei den Nutzern, sprich Hobby- und Wettbewerbsfahrern, als auch bei den Organisationen oder Händlern besteht.
Kenneth Woods

Fahrbahnoberfläche sein. In diese Rubrik gehören Fahrbahnmarkierungen, Kanaldeckel, Schienen, Schlaglöcher, Quer- und Längsrillen und die in jüngster Zeit zunehmend auftretenden Bitumen-»Flicken« in der Fahrbahn.

Witterungsabhängige Änderungen der Fahrbahnoberfläche treten ebenso überraschend auf, und noch überraschender ist meist ihre Schlüpfrigkeit. Hier sind Rollsplitt, Kies, Sand, Lehm, Öl, Benzin, Dung, Laub, Fallobst, Rübenblätter und ähnliche Unannehmlichkeiten zu nennen.

Richtig katastrophal können Kombinationen von all diesen Bedingungen sein, zum Beispiel Laub auf Kopfsteinpflaster. Auf eine besonders delikate Variante ist der Autor dieser Zeilen unmittelbar nach der »Wende« auf einer Nebenstraße dritter Ordnung im Mecklenburgischen getroffen: buckeliges Kopfsteinpflaster (»Katzenköpfe«), in den Ritzen wachsendes Gras (wegen des geringen Verkehrs recht lang gewachsen) und dazu ein schöner norddeutscher Landregen... Eine schlüpfrige Angelegenheit!

Ebenso viele Überraschungen wie die Fahrbahnoberfläche kann der Fahrbahnverlauf hervorbringen. Ein unterschiedlich weiter Ausblick in die Straßentiefe kann ungewissen Fahrbahnverlauf wie Kurven, Kuppen und Pflanzenbewuchs verdecken.

Randmerkmale der Straße führen zu einer optischen Täuschung über den weiteren Fahrbahnverlauf. Ein bekanntes Beispiel sind die berühmt-berüchtigten »Hundekurven«, die sich immer enger zuziehen. Pflanzenbewuchs, Leitpfosten, Leitplanken und Leitlinien können ähnliches bewirken. Allgemein bekannt ist die Unfallhäufigkeit auf den schönen alten Alleen im Osten Deutschlands. Ebenso unabhängig vom übrigen Verkehr sind Licht- und Sichtverhältnisse, die die Sicherheit des Motorradfahrers beeinträchtigen können.

Selbstredend ist gutes Sehen wichtig. Des Nachts nicht ohne Beleuchtung zu fahren, sollte (eigentlich!) nicht weiterer Erwähnung wert sein. Ein kratz- und beschlagfreies Visier ist schon weniger selbstverständlich...

Gesehen zu werden ist mindestens so wichtig, wie selbst sehen zu können. Das Fahrlicht einzuschalten, ist in den meisten Ländern nicht nur Vorschrift, sondern mittlerweile auch üblicher Brauch. Auffällige Kleidung ist ebensowenig eine aktuelle Forderung an Enduristen, die sich ohnehin gern neonbunt kleiden. Reflektoren an Helm, Bekleidung und Fahrzeug können des Nachts zusätzliche Sicherheit schaffen. Doch Vorsicht – der sicherheitsbedachte TÜV toleriert zusätzliche Reflektoren an Fahrzeugen nicht!

Erwähnenswert an dieser Stelle: Viele Sport-Enduros verfügen nur über eine schwach ausgelegte Elektrik. Bei Wettbewerben ist dies kein Problem, geht es doch nur darum, dem Reglement zu genügen und gerade eben die Zulassungsfähigkeit für den Straßenverkehr zu erreichen. Während der dunklen Jahreszeit entpuppt sich eine solche Elektrik im Stadtverkehr leicht als tödliche Falle. Nichtsahnend will der Sport-Endurist links abbiegen, betätigt den Blinker, ordnet sich in der Straßenmitte ein – und muß zu seinem Schrecken feststellen, daß bei Leerlaufdrehzahl nicht nur der Blinker erlischt, sondern auch das Rücklicht nur noch leicht glimmt!

Verkehrsabhängige Situationen

Verkehrsabhängige Situationen – hat man da als Fahrer Einfluß drauf? Trifft einen das nicht wie der Blitz aus heiterem Himmel? Nein, denn mit einer gehörigen Portion Erfahrung lassen sich solche Vorkommnisse erahnen und durch entsprechende Verhaltensweisen weitgehend vermeiden.

Selbst ruhender Verkehr wird zur Gefahr, wenn sich plötzlich in der Reihe parkender Autos eine Tür öffnet. Der erfahrene Motorradfahrer wird deshalb (obwohl es die Fahrschule anders lehrt) niemals scharf rechts an parkenden Autos entlang fahren.

Nicht-motorisierter Verkehr ist für seine Gefährlichkeit den meisten bekannt – Fußgänger, Radfahrer, alle neigen zu spontanen Reaktionen und Unaufmerksamkeit.

Billigt man den nicht-motorisierten Verkehrsteilnehmern eine gewisse Spontaneität zu, so darf man von anderen Kraftfahrzeugen wohl ihrerseits Aufmerksamkeit erwarten? Vertrauen ist zwar gut, doch am besten vertraut man hier nur dem eigenen Mißtrauen.

Andere Kraftfahrzeuge im Längsverkehr können die gleiche Fahrtrichtung haben. Gefahrensituationen ergeben sich hier beim Überholen, Überholtwerden, Kolonnenfahren und bei Ampelstarts. »Nach-vorn-Schlängeln« an roten Ampeln ist zwar verboten, aber der beste Vorteil eines Motorrads gegenüber dem Auto im Stadtverkehr. Allein: Neid und Mißgunst sind menschliche Eigenschaften und bei Autofahrern weit verbreitet. Da verstellt man dem Motorradfahrer schon mal den Weg... oder glaubt, es auf ein Beschleunigungsrennen ankommen lassen zu müssen. Ungerecht trifft es besonders die Fahrer von Sport-Enduros. Jeder Mittelklasse-Audi will es »diesem Leichtkraftrad« mal eben zeigen, was einem mit (vergleichsweise lahmen) Straßenmaschinen nur selten passiert.

Körperliche Auseinandersetzungen der Fahrzeuglenker werden aus dem geöffneten Wagenfenster nicht selten angedroht. Dies ist eine Form der Auseinandersetzung, auf die man sich niemals einlassen sollte. Am Ende wird sie ziemlich unnachsichtig bestraft – wer glaubt schon vor Gericht dem jungen kräftigen Enduristen, wenn der brave Biedermann ein Veilchen davongetragen hat.

Gefährlicher als mit Kraftfahrzeugen in gleicher Fahrtrichtung wird's mit denen in entgegengesetzter Fahrtrichtung. Beim Überholen kann dies der Fall sein. Nicht nur, weil man selbst entgegenkommende Fahrzeuge übersieht, sondern weil diese den erhöhten Platzbedarf eines Zweirades in Kurven unterschätzen und trotzdem überholen (»da ist ja genug Platz!«). Das Abkommen des Motorrades auf die Gegenfahrbahn wegen falsch eingeschätztem Kurvenradius und daher unangepaßter Geschwindigkeit ist eine häufige, traurige Unfallursache. »Kurvenschneiden« gehört in die gleiche Rubrik: Ideallinie zu fahren ist eine Sache für die Rennstrecke!

Das größte Risiko zum Abschluß der Betrachtungen: andere Kraftfahrzeuge im Querverkehr. Sie scheren urplötzlich aus Einfahrten oder Einmündungen aus. Vorsicht daher bei Parkplätzen (insbesondere Waldparkplätzen!), Werksgeländen, Wald- und Feldwegen, landwirtschaftlichem Verkehr und in Manövergebieten.

Und noch einmal das Thema »Nach-vorn-Schlängeln« an roten Ampeln. Den besten Schnitt erreicht man selbstredend bei »fliegendem Ampelstart«. Aber auch das höchste Unfallrisiko, wenn man reaktionslahme Nachzügler in Querrichtung nicht einkalkuliert!

Die häufigste Unfallursache motorisierter Zweiräder innerhalb von Orten ist der Umstand, daß Linksabbieger das entgegenkommende Motorrad schlicht übersehen. »Der war so schnell!« liegt dann als Ausrede nahe. Selbst wenn man (ausnahmsweise) einmal nicht schnell war... im Krankenhaus hilft das wenig. Stets Blickkontakt mit wartenden Linksabbiegern suchen!

Bekleidung

Ein eigenes Buch ließe sich zum Thema Motorrad-Bekleidung füllen. Gerade Enduro-Bekleidung soll einige grundsätzliche Funktionen erfüllen: Schutz bei Stürzen und Schutz vor Witterungseinflüssen.

Schutzfunktion

Wichtig ist die Schutzfunktion der Enduro-Bekleidung. Gerade bei Geländefahrten ist ein gelegentlicher Sturz unvermeidlich. Daß dieser Sturz ohne schwerwiegende Folgen abgeht, dafür sorgt hoffentlich die richtige Bekleidung.

Wettbewerbsteilnehmer tragen üblicherweise einen Brustpanzer mit daran hängenden Ellenbogenschützern. Um die Knie schnallen sie sich Knie- und Schienbeinschützer. Über dieser Panzerung tragen sie eine leichte Hose aus dehnbaren Kunstfasern und ein leichtes langärmeliges Hemd. Diese Kombination eignet sich prima als Schutz vor Stürzen und kann zugleich prima den unvermeidlichen Schweiß vom Körper abführen.

Für die Straße eignet sich diese Kombination weniger. Hemd und Hose sind praktisch nicht abriebfest, so daß ein Sturz auf Asphalt fatale Folgen hätte. Für den Touren-Enduristen gibt es daher spezielle Jacken und Hosen mit Polsterungen und integrierten Protektoren. Außen wird an solchen Textilien meist mit einer Kombination aus »atmenden« Stoffen (Nylon, Baumwolle) und aus abriebfesten Materialien (Cordura, Leder) an den Problemzonen gearbeitet.

Die Protektoren sind entweder aus harten oder weichen Materialien. Die scheinbar so praktischen weichen Protektoren sind viel voluminöser und verrutschen leicht. Der billige »Temperfoam« zerfällt bei niedrigen Temperaturen und muß nach einem Jahr ersetzt werden: besser gleich eine teurere Jacke kaufen!

Helm

Mit zur Schutzbekleidung gehört der Helm. Unter dem Sammelbegriff »Cross-Helm« sind Erzeugnisse mit vorgezogenem Kinnteil und Schirm im Handel. Der klassische Cross-Helm wird mit Brille getragen. Die schützt bei Staubentwicklung die Augen recht gut.

Nun sind Motorradbrillen nicht jedermanns Sache. Sie engen das Sichtfeld ungewohnt ein, sind für Brillenträger schwierig zu tragen und können bei Regenwetter sehr unpraktisch sein. Daher wurden in letzter Zeit Enduro-Helme mit integrierten Visieren entwickelt, die besonders für Fahrer von Reise-Enduros interessant sind.

Will der Reise-Endurist auch mal eine schnellere Autobahnetappe hinter sich bringen, empfiehlt sich ein Helm mit abnehmbarem Schirm. Ab etwa 100 km/h stört der Schirm, Geschwindigkeiten über 120 km/h sind mit solchen Helmen nicht dauerhaft durchzuhalten.

Stiefel

Gemäß allgemeiner Anschauung können Enduro-Stiefel nicht klobig und grob genug sein. Prinzipiell ist das richtig. Daher sind sportliche Enduristen mit den sogenannten »Cross-Stiefeln« bestens bedient.

Der Reise-Endurist sollte bedenken: Solche Stiefel eignen sich praktisch nicht für gelegentliche Fußmärsche. Regen-Überschuhe lassen sich nur schwer über die Schnallen ziehen. Ist das Leder der Cross-Stiefel unter den Plastik-Protektoren erst einmal durchgenäßt, trocknet es nur langsam. Für den Reise-Enduristen gibt es daher gemäßigte, weniger martialisch aussehende Fußbekleidung.

Wetterschutz

Der Alltags- und Reise-Endurist wünscht sich Allzweck-Bekleidung, die jedem Wetter trotzt. Die Bekleidungsindustrie verspricht, solche Erzeugnisse zu liefern. Dennoch muß man sich im klaren darüber sein, daß diese

Versprechungen nicht alle Anforderungen abdecken können. Je nach klimatischen Gegebenheiten können sowohl Regen als auch Hitze dem Enduristen zu schaffen machen. Hohe Temperaturen und ungeeignete Bekleidung machen das Fahren (und vor allem das sportliche Fahren) zur Qual.

Bei großer Hitze kann es daher auch für den Reise-Enduristen angezeigt sein, mit Brustpanzer und Hemd zu fahren. Kauft er seine Jacke groß genug, so daß sie über den Panzer paßt, kann er die Jacke mitnehmen und bei Bedarf (am Abend!) über den Panzer ziehen.

Die Wundermembran

Regendichtigkeit und Atmungsaktivität sind zwei sich prinzipiell widersprechende Eigenschaften. Membranen aus halogenierten Kohlenwasserstoffen (z. B. Gore-Tex, Sympatex und andere) sollen diesen Widerspruch lösen. Tatsächlich tun sie das – aber nur in einem bestimmten Bereich. Solange die Membran nicht zerstört wird (und das kommt nach gewisser Tragedauer unweigerlich vor), sind solche Textilien wasserdicht.

Von Atmungsaktivität im eigentlichen Sinne des Wortes kann aber nicht gesprochen werden, denn ein aktiver Transport findet an dieser Membran natürlich nicht statt. Sie erlaubt lediglich die passive Diffusion von Wasserdampf. Textilien ohne eine solche Membran »atmen« also besser. Bei körperlichem Einsatz (Sport-Enduros) oder hohen Temperaturen schwitzt man daher auch in Hi-Tech-Textilien mit Wundermembran.

Auf Urlaubstouren offenbaren die Wundertextilien einen weiteren Nachteil. Nach einer langen Regenfahrt wird das Zelt zur Übernachtung aufgebaut. Wohin nun mit dem äußerlich klatschnassen Anzug? Doch nicht ins Schlafzelt! In die Zeltapsis auf den Boden legen? Dann verdreckt der Anzug endgültig, und die noch trockene Innenseite saugt sich bis zum nächsten Morgen voll Feuchtigkeit. Die teuren Textilien mit Wundermembran sind vor allem nützlich bei Tagestouren oder auf dem Weg zur Arbeit, wenn der Anzug nach Ankunft auf einem Bügel hängend getrocknet werden kann.

Schlägt der teure Anzug auf einer Urlaubsreise leck (meist unweigerlich im Schritt), ist er praktisch nicht zu reparieren. Klassische Regenbekleidung ist mit einem breiten Streifen Klebeband wieder dicht.

Je nach Jahres-Kilometerleistung kann den Hi-Tech-Textilien eine Lebensdauer von etwa zwei Jahren zugebilligt werden. Für den zu zahlenden Preis ist das recht wenig!

Leder?

Brechen wir zum Abschluß noch eine Lanze für das gute alte Leder. Erst jüngst haben Versuche der Fachzeitschrift Motorrad gezeigt, daß Leder allen Textilmaterialien in der Abriebfestigkeit immer noch überlegen ist.

Leder ist ein Naturprodukt und muß nicht, wie die Wunder-Membranen, als Sondermüll entsorgt werden (die Membranen bestehen aus Polytetrafluorethylen). Je älter das Leder (gutes Leder vorausgesetzt), desto besser sieht es aus. Leder braucht Patina. Verdreckte Textilien sind dagegen einfach nur dreckig!

In der Wüste genügt zur Not auch der Brustpanzer (Foto: Jonat)

Reise

Autoknacker bei der Arbeit
Westlich der estnischen Hauptstadt Tallinn halten wir auf einem belebten Parkplatz, um Schloß und Wasserfall von Keila-Joa anzuschauen. Wie üblich bleiben wir zu zweit aus Sicherheitsgründen bei den Motorrädern zurück. Dieses Mal soll sich diese Vorsichtsmaßnahme als nützlich herausstellen. Auf der Parkbank links neben uns trinken vier Russisch sprechende Männer, etwa Anfang zwanzig, Bier. Ein Lada Niva kommt, parkt gegenüber, die Insassen verschwinden mit Picknickkorb im Wald. Einer der Vier, groß, muskulös und mit geschorenem Haar (er ist entweder Soldat oder hat gerade einen Knast-Aufenthalt hinter sich) geht zu dem Lada Niva. Völlig unbeeindruckt von unserer Gegenwart bricht er den Wagen auf und durchsucht ihn. Wir sind einigermaßen entsetzt von soviel Unverfrorenheit, halten es aber nicht für opportun, uns einzumischen, sondern suchen das Weite.

Das Abenteuer ruft

Im Traum umrundet der Endurist einmal die Erde, widersteht dem ärgsten Klima, entgeht gefährlichen Krankheiten und rollt auf den schlechtesten Pisten, die sich ein Westeuropäer überhaupt vorstellen kann.

Nun ja, kaum einer setzt diesen Traum jemals um, wer gibt schon den guten Job und soziale Kontakte einfach auf, um in der Weltgeschichte umherzuirren? Doch wenigstens pflügt er im Traum durch nordafrikanischen Wüstensand, isländische Asche, durchquert das Outback oder den amerikanischen Westen, die Sonne putzen.

Doch, o je, selbst diese so scheinbar zum Greifen nahen Abenteuer, wann lassen sie sich verwirklichen?

Aus dem Alltag ausbrechen kann man jederzeit, hier und jetzt. Man muß es nur wollen!

Schüsse auf Enduristen
Niemals hätte ich gedacht, daß es nachts so hell sein kann. Durch das Laub über meinem Kopf strahlt der Mond regelrecht in mein Gesicht. Weit über die Ohren müßte man den Schlafsack ziehen, doch dazu ist es viel zu heiß. Das würde auch gegen die sirrenden Mücken helfen ...
Neben mir schnarchen fünf weitere Enduristen leise vor sich hin. Wie tot haben sie sich auf den weichen Waldboden geworfen und sind sofort eingeschlafen. Nur ich liege wach, sicher weil ich wieder einmal sehr verhalten gefahren bin.
Ein Wochenende voller unbefestigter Wege und diese Übernachtung im Freien stehen auf dem Programm. Zu unserem Leidwesen entpuppen sich die mir aus Herbst und Frühjahr so gut bekannten Schlammwege als reine Staublöcher. Mir macht das noch am wenigsten aus, muß ich doch als Tourguide vorwegfahren.
Keine leichte Aufgabe, denn erstens pflege ich einen genießerisch verträumten Fahrstil (man will ja schließlich etwas von der Landschaft sehen), und zweitens glaubt keiner der Mitreisenden so recht an meine Kompetenz. Als ich ein Bundeswehrgelände auf einem brachliegenden Acker umgehe, folgt mir prompt keiner. Ich halte an und warte, doch nur einer kommt hinterher: »Weißt du, wo wir sind?«
Der Mann kratzt an meiner Ehre. Ich bin vielleicht kein begnadeter Crosser, aber dennoch mit einem prima Orientierungssinn und ausgezeichnetem Gedächtnis für einmal gefahrene Wege gesegnet. »Hier!« zeige ich auf der Karte. Allein die drei mitgeführten topographischen Karten im Maßstab 1:25 000 beeindrucken.
Glücklicherweise bietet Mecklenburg auch an einem sonnig-heißen Samstag genügend einsame kleine Seen, daß sich eine Meute staubiger Enduristen splitternackt ins kühlende Naß stürzen kann, ohne daß brave Familien schockiert wären.
Vor dem Schlafengehen steuern wir die verschlafene Kreisstadt Parchim an, wo wir in einem Grillimbiß die entleerten Kalorienspeicher mit ungesundem Fastfood wieder auffüllen. Einen See in der Nähe habe ich als Übernachtungsplatz bestimmt. Doch schon im Imbiß bekommen wir mit, daß sich anscheinend die gesamte Dorfjugend dort zur Sommernachtsparty verabredet hat.

Sollen wir da nun hin oder nicht? Die Meinungen sind geteilt. Wir schwanken zwischen mitfeiern und sich im Wald verkriechen. Als wir uns dem See dann nähern, fällt die Entscheidung leicht. Bierseliger Singsang tönt schon von weitem. Wir entscheiden uns für einen eichenbestandenen Hügel auf weitem Feld. Kaum dort angekommen, wird es auch schon dunkel, schnell noch ein Bierchen geleert, und schon fallen die Kumpels in tiefen Schlaf. Nur ich liege wach.

Plötzlich knallt ein Schuß durch die Nacht, grölende Jugendliche in unmittelbarer Nähe. Ich bin bereit, mich in die anscheinend unvermeidliche Schlägerei zu stürzen ... Dann wieder Totenstille. Die anderen rühren sich nicht. Sicher habe ich geträumt. Am nächsten Morgen stellen wir fest, daß jeder den Schuß gehört hat, doch keiner mochte etwas sagen, weil die anderen scheinbar weitergeschlafen haben. Was für ein Glück, daß der dörfliche Urwuchs sich nicht getraut hat, sechs Enduristen zu überfallen.

Leider hat von den anderen fünf Abenteurern keiner etwas zum Frühstücken dabei. Alle verlangen nach einem Gasthof. Ebenso deutlich ertönt die Forderung nach einem WC. Ich frage mich, wozu hier die vielen Büsche da sind. Was soll aus dieser Jugend bloß werden?

Die Rückfahrt beginnt, und ich will auf einen aufgelassenen überwucherten Bahndamm einbiegen, der quer durch einen ehemals russischen Truppenübungsplatz führt. »Da willst du durch?« Die Crosser-Fraktion ist enttäuscht. Hier ist eher trial-mäßiges Fahren angesagt. Prompt wird eine der XRs von einer Dornenranke erlegt.

Endlich kommen wir in das Dörfchen Slate südlich von Parchim. Da lockt ein Schild »Waldgasthof«. Ob die schon offen haben? Natürlich haben sie nicht offen, doch das Unglaubliche geschieht. Eine ältere Dame ruft uns begeistert hinterher, ob wir zum Bahnrennen nach Parchim wollten. Rennen? Wir wissen von nichts ... Sie fackelt nicht lange und schließt den sechs staubigen Gestalten den Garten auf. »Ihr habt wohl draußen geschlafen?« Die Frau weiß Bescheid! Wenig später biegt sich der Tisch unter Rührei mit Schinken und einer riesigen Kanne Kaffee. Für die verwöhnte Westjugend legt sie noch extra Seife und Handtücher in den Waschraum.

Wo kann man das noch erleben, wenn nicht in Deutschlands Osten?

Pfade finden

Die direkte Verbindung zwischen zwei Punkten ist eine Gerade. Logisch, das wissen wir aus dem Mathematik-Unterricht. Doch damit soll man Spaß beim Enduro-Fahren haben? Sicher. Alles was man braucht, ist eine detailreiche Landkarte. Anfangs- und Endpunkt werden festgelegt, und auf geht's. Der Ehrgeiz liegt darin, möglichst wenig von dieser Geraden abzuweichen und dennoch nur legale Wege zu benutzen (versteht sich!).

Wer es nicht glaubt, sollte das mal ausprobieren. Das Spiel macht um so mehr Spaß, je unbewohnter die Gegend ist, so richtig abenteuerlich kann es schon in Osteuropa werden!

Die Themenfahrt

Zwar weniger aufregend, aber dennoch unterhaltsam können Themenfahrten sein. Das sind Touren, die unter einem bestimmten Motto stehen. Dieses Motto können technische Denkmäler sein. In den friedensbewegten Achtzigern gab es mal Grenzlandfahrten zu den Standorten von Atomraketen, wo Uniformierte für Überraschungen sorgten. Doch so anspruchsvoll muß der Ausflug gar nicht sein: Die Frage »Wo gibt's die besten ›Pommes Schranke‹ zwischen A und B?« verspricht einen vollen Bauch ebenso wie die Klärung der bewegenden Frage, wo es an der schleswig-holsteinischen Westküste die besten Fischbrötchen gibt (auf Nordstrand!).

Nicht immer gibt es eine Brücke, wo eine sein sollte

Fährfahrt

Seit alters her sind Fähren die einfachste Möglichkeit, einen Flußübergang zu schaffen. Leider sind diese Verbindungen umständlich, zeitraubend und abhängig von Witterung und Wasserstand. Im Zuge der Industrialisierung wurden immer mehr Fähren durch Brücken ersetzt. Dabei sind Fähren doch so faszinierend. Warum nicht Flußüberquerungen per Fähre »sammeln«?

Du kommst mit deinem Motorrad am Ufer an. Noch befindet sich die Fähre auf der anderen Seite. Eigenwillig hat die Natur dir einen zehn Meter breiten Wasserlauf in den Weg gelegt. Husch-husch mit 100 Sachen über 'ne Brücke gilt nicht. Dieses Hindernis will überwunden werden. Knirschend zieht sich die Fähre am Drahtseil durch das trübe Wasser, der Diesel puckert leise. Endlich ist sie auf deiner Seite, der Fährmann winkt dich heran. Die feuchten Holzplanken sind glitschig. Paß auf, daß du dich nicht hinlegst! Sanft schaukelt die Fähre – das Moped wird doch wohl nicht umfallen? Rasselnd sperrt der Fährmann die Zufahrt mit einer Kette. Schon bewegt sich die Nußschale wieder an's gegenseitige Ufer. Der Fährmann kommt mit einer Umhängetasche voll Kleingeld, Fährgeld kassieren. Sogar einen Fahrschein erhältst du. Da ist auch schon das andere Ufer. Die Maschine gestartet und hinauf die Uferböschung. Eine Viertelstunde hat die Prozedur gedauert, für keine 50 Meter Luftlinie.

Organisierte Touren

Organisierte Motorradtouren sind heute vom Motorradmarkt nicht mehr fortzudenken. Wer dagegen einwendet, mit Freiheit und Abenteuer hätte das nichts mehr zu tun, nun, der hat recht. Dennoch gibt es gute Gründe, gerade für Enduristen an geführten Touren teilzunehmen.

Für und Wider

Gründe für die Teilnahme an geführten Endurotouren:
- Es fehlt schlicht die Zeit, eine eigene Tour zu planen.
- Der Urlaub ist knapp, da will man kein Risiko eingehen.
- Man selbst hat keine Ortskenntnis, nur schwach ausgeprägtes Orientierungsvermögen und keine Lust zum Kartenlesen.
- Der Tourguide weiß, wo es schön ist.
- Die organisierte Tour führt über sonst gesperrte Strecken.
- Motorräder werden gestellt (besonders interessant bei entfernten Zielen).
- Der Transport des eigenen Motorrads wird übernommen.
- Begleitfahrzeug mit Pannenhilfe.
- In der Gruppe finden sich genug Gleichgesinnte, ein Reisepartner muß nicht vorhanden sein.

Wem größere Veranstaltungen stets ein Greuel sind, den zwingt niemand, an einer organisierten Reise teilzunehmen. Außerdem gibt es hier durchaus Unterschiede in der Gruppengröße, der Anzahl der Tourguides und der Intensität der Betreuung. Was manche als mangelnde Betreuung empfinden, begrüßt ein anderer als nötigen Freiraum!

Veranstalter
Veranstalter gibt es so viele, daß hier, auch auszugsweise, keine Empfehlung ausgesprochen werden kann. Sinnvoll ist es, die einschlägigen Anzeigen in Fachzeitschriften Enduro, Tourenfahrer und Motorrad zu studieren.
Leider tummelt sich im Reisebereich manch schwarzes Schaf. Vor der Buchung daher genau prüfen: Ist der Veranstalter eine eingeführte Firma oder ein Newcomer? Hat die Reise schon einmal stattgefunden? Nützlich ist es auf jeden Fall, wenn man sich auf Empfehlungen von Bekannten verlassen kann.
Ein Zwischending zwischen individuellen und organisierten Touren ist die Möglichkeit, einen Gasthof anzufahren, der vor Ort geführte Touren anbietet. Dann besteht die Möglichkeit, zwischen der Fahrt in der Gruppe oder der Alleinfahrt abzuwechseln. An manchen Orten gibt es auch regelrechte Camps für Endurofahrer, wo man abends unter Gleichgesinnten Benzin reden und dennoch tagsüber allein sein kann (oder umgekehrt).

Touren selbst organisiert
Als Alternative zur Teilnahme an kommerziell organisierten Touren bietet sich die Möglichkeit, eine Gruppe zusammenzutrommeln und gemeinsam die Fahrt zu organisieren. Hintergrund einer solchen Aktion kann sein, daß man Gruppentarife auf Fähren nutzen will, gemeinsam einen Seecontainer chartert, die Motorräder auf einen gemeinsamen Anhänger verlädt, oder vor Ort schon aus Sicherheitsgründen nicht allein unterwegs sein möchte.
Reisepartner zu finden, ist nicht schwer. Die Zeitschrift Tourenfahrer hat eine regelrechte Rubrik dafür, deren Anzeigentexte sich deutlich von dem sonst üblichen »Lederkumpel gesucht« absetzen. Auch auf on-line-Diensten werden schon Gesuche nach Reisepartnern plaziert.

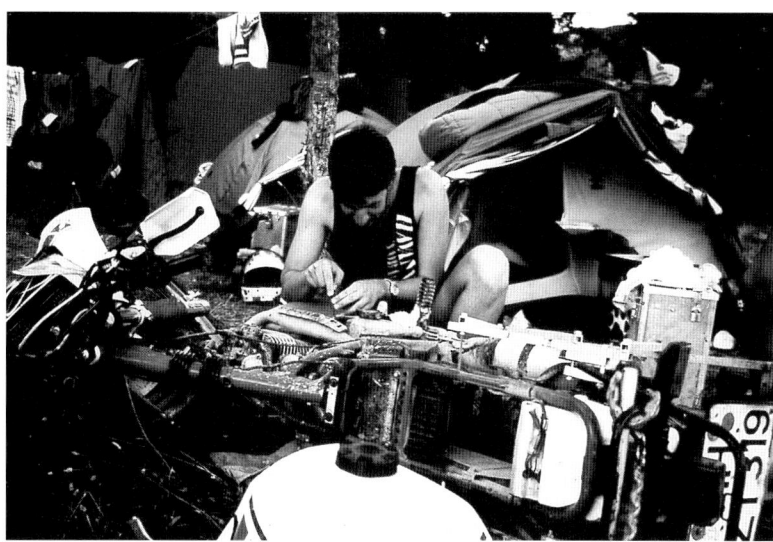

Kleinere Wartungen erledigt der Endurist gerne selbst (Foto: Habermann)

Orientierung

Wer sich keiner organisierten Motorrad-Tour anvertrauen möchte, der muß sich selbst orientieren. Das klassische Mittel dazu ist in den zivilisierten Ländern (West-)Europas die Straßenkarte.

Karte
Landkarten sind nicht jedermanns Sache. Dennoch sind sie nahezu unverzichtbar, denn sie geben ein maßstäbliches Abbild der Erdoberfläche.
Die Art, wie die Erdoberfläche auf der Karte abgebildet wird, entscheidet über deren Nützlichkeit. »Voll im Trend« sind heutzutage perspektivische, reliefartige Darstellungen. Man kann sie als Poster an die Wand pinnen oder die Wetterkarte der Tagesschau da-

mit verunstalten. Die vorgebliche »realistische dreidimensionale« Darstellung führt tatsächlich zu einem herben Informationsverlust – daß Schleswig-Holstein nur mehr als Pickel oberhalb Hamburgs erscheint, was kümmert es die Bayern?

Selbstverständlich sind Straßenkarten nicht perspektivisch verzerrt. Aber was zeichnet eine gute Straßenkarte aus?

- Der Maßstab ist so gewählt, daß das Straßennetz vollständig im Detail abgebildet werden kann. In Mitteleuropa ist dies nur bei Karten im Maßstab 1:200 000 der Fall.
- Die Symbole sind eindeutig und leicht verständlich.
- Topographische Informationen (Flüsse, Seen, Bahnlinien, Steigungen, Gefälle, Bewaldung usw.) sind angemessen dargestellt und ohne Lupe erkennbar.
- Der Druck ist so hochwertig, daß auch feine Details wiedergegeben werden.
- Das Straßennetz ist in allen Details wiedergegeben. Eine Unterscheidung der Straßen nach deren Ordnung ist möglich.
- Der Blattschnitt sollte ein guter Kompromiß zwischen Kartengröße einerseits und der Gesamtzahl der benötigten Karten sein.
- In der Karte sollten Entfernungsangaben vorhanden sein.

Gute Karten erkennen

Ob ein Kartenbild gut oder schlecht ist, ob die Karte vollständig die tatsächlichen Wegeverhältnisse abbildet, kann man am besten abschätzen, wenn man eine Gegend betrachtet, die man sehr gut kennt. Das könnte zum Beispiel auch auf einem anderen Blatt der gleichen Serie sein.

Eine Übersichtskarte zu haben, ist übrigens genauso wichtig wie der Besitz einer detaillierten Straßenkarte. Beide schließen einander nicht aus, sondern ergänzen sich.

Eingefleischte Endurowanderer, immer auf der Suche nach dem abgelegensten Pfad, stoßen bei den bekannten Straßenkarten im Maßstab 1:200 000 schnell an Grenzen. Vorsicht ist bei Wanderkarten angezeigt. Sie setzen die Informationen aus den offiziellen Karten der Vermessungsämter häufig nur sehr diffus und mit »blumigem« Kartenbild um. Besser ist es, sich offizielle topographische Karten im Maßstab 1:50 000 zu besorgen.

Am besten kauft man Karten vor der Reise schon in Deutschland. Hier kann man in Ruhe in einschlägigen Fachgeschäften aussuchen oder gewünschte Kartenblätter im Buch- oder Versandhandel bestellen. Vor Ort ist es, je nach Reiseziel, schwierig bis unmöglich, Karten zu erstehen.

Wohin mit der Karte?

Idealerweise liegt die Karte dort, wo der Fahrer ohne Aufwand rasch hinschauen kann. Das ist meist das Kartenfach auf dem Tankrucksack. Es gibt auch spezielle magnetische Kartentaschen für den Tank oder (für Sport-Enduristen besonders interessant) durchsichtige Kartentaschen, die um den Ärmel geschnallt werden.

An dieser Stelle eine ernste Warnung: Niemals, wirklich niemals während der Fahrt auf die Karte schauen. Auch nicht »für einen Augenblick«. Das ist lebensgefährlich!

Bei Regen gehören Karten in spezielle wasserdichte Kartenhüllen, etwa von Ortlieb. Aufgeweichtes Papier reißt bekanntlich sofort, die Karte ist im Eimer und die Orientierung auch.

Motorradfahrer bevorzugen die kleineren Einzelblätter. Wer einmal versucht hat, im Freien bei Wind ein Großblatt zu falten, weiß warum. Einzelblätter lassen sich auch besser im Kartenfach des Tankrucksacks unterbringen. Manche Karten kleben in einem zusätzlichen Umschlag aus Karton, was im Tankrucksack ebenfalls stört.

Deutschland

Kaum ein Land ist kartographisch so erschlossen wie Deutschland. Dennoch gibt es nur eine Karte, die so gut wie keine Wünsche offen läßt, die *Generalkarte* im Maßstab 1:200 000 von »Mairs Geographischer Verlag«. Sie ist in zwei Blattschnitten erhältlich. Der eine Schnitt unterteilt das Land in 37 Einzelblätter, der andere Schnitt kommt mit 12 Großblättern aus.

Beim Kauf der Generalkarte ist etwas Aufmerksamkeit geboten, denn ein Mitbewerber hat das rot-gelbe Layout der Umschläge ziemlich dreist kopiert. Generalkarten gibt es (ohne Ladenschluß) an jeder Shell-Tankstelle, »Nachschub« ist daher auch unterwegs immer möglich (meist ist das heimatliche Blatt jeweils vergriffen).

Die Generalkarte ist von der Auflösung her so gut, daß auch Enduro-Wanderer hier Feldweg-Pisten identifizieren können. Vorsicht ist im Osten Deutschlands geboten. Hier stimmen die Feldweg-Verhältnisse auf der Generalkarte leider häufig (noch) nicht mit der Realität überein.

Für die Routenplanung und Langstreckenfahrten ist der bekannte *Shell Atlas* aus dem gleichen Verlag wie die Generalkarte zu empfehlen, für unterwegs ist er allerdings zu gewichtig. Glücklicherweise gibt es unter dem Titel *Strassen und Reisen* eine abgespeckte Leichtversion des *Shell Atlas* als Broschur. Die ist obendrein viel billiger, enthält aber die kompletten Karten und läßt sich auch im Tankrucksack mitnehmen.

Der anspruchsvolle Enduro-Wanderer sollte in Deutschland auf amtliche topographische Karten im Maßstab 1:50 000 (ersatzweise 1:100 000) zurückgreifen. Häufig werden Karten in diesem Maßstab als »Kreiskarten« kombiniert verkauft.

Österreich, Schweiz

Zum Glück gibt's hier nicht viel zu sagen. Von beiden Ländern ist die *Generalkarte* im Maßstab 1:200 000 erhältlich.

Frankreich

Die definitive Straßenkarte für Frankreich ist die gelbe *Michelin*-Karte im Maßstab 1:200 000. Sie ist in zwei Blattschnitten erhältlich. Der eine Schnitt unterteilt das Land in 90 (!) Einzelblätter, der andere Schnitt kommt mit 17 Großblättern aus.

Für die Planung am heimischen Herd hat Michelin die komplette gelbe Serie 1:200 000 dankenswerterweise auch zu einem Atlas mit Ringbindung zusammengefaßt.

Wer statt in die (besseren?) *Michelin*-Karten lieber in das gewohnte Bild der *Generalkarte* schaut, kann dies in drei Blättern tun: Bretagne, Vogesen/Elsaß, französische Riviera.

Von touristisch bedeutsamen Gegenden gibt es auch grüne Michelin-Karten im Maßstab 1:100 000, die für den Enduro-Wanderer interessant sind.

Im gleichen Maßstab liefert das *Institut géographique national* (IGN) die *serie verte (»la france en 74 cartes«)*, die nach den Erfahrungen des Verfassers etwas ungenauer ist. Nur für den fanatischen Endurowanderer notwendig ist die *serie bleu* im Maßstab 1:25 000 (*»la france en 2000 cartes«*). Für die Routenplanung recht brauchbar ist vom IGN das Blatt 3615 (»901 France: Routes. Autoroutes«) im Maßstab 1:1 000 000.

Für den Endurowanderer empfehlenswert sind die Karten 1:50 000 aus dem Verlag Didier Richard, der viele Blätter unter anderem für den Bereich Jura, Seealpen, Provence und Korsika liefert.

Italien

Die Standard-Straßenkarte für Italien ist bislang *Grande carta stradale d'Italia* im Maßstab 1:200 000 vom *Touring Club Italiano*. Allerdings hat sie trotz gleichen Maßstabs nicht den Detailreichtum der deutschen Generalkarte. Aber man kann ihr entnehmen, ob eine Straße asphaltiert ist oder nicht! Es sind 15 Blätter mit allen Provinzen Italiens erhältlich. Der Blattschnitt ist nicht optimal, große Überschneidungen müssen in Kauf genommen werden. In Deutschland wird die Karte von Kümmerly & Frey vertrieben.

Für Südtirol, Gardasee–Venedig, Riviera und Adria gibt es schon seit langem die *Generalkarte* 1:200 000 im gewohnten perfekten Kartenbild. Zur Zeit bereitet der Verlag die gesamte Abdeckung Italiens mit der Generalkarte vor. Sechs dieser Blätter sind bereits erhältlich.

Eine empfehlenswerte Übersichtskarte ist die Straßenkarte Italien 1:800 000, herausgegeben vom *Touring Club Italiano* und dem Staatlichen Italienischen Fremdenverkehrsamt (ENIT).

Sehr gut für die Routenplanung am heimischen Herd eignet sich der *Michelin*-Straßenatlas Italien im Maßstab 1:400 000 mit Ringbindung.

Spanien, Portugal

Wen es in die Touristen-Hochburgen zieht, der kann sich auch auf die deutsche *Generalkarte* verlassen. Blätter im Maßstab 1:200 000 liefert Mairs Verlag für Costa Brava, Costa Blanca, Costa del Sol, Mallorca, Gran Canaria und Teneriffa.

Flächendeckend bekommt man die iberische Halbinsel nur bei *Michelin* und nur im Maßstab 1:400 000 (sieben Blätter).

Großbritannien

Natürlich weichen die Briten auch vom Standard-Maßstab der Straßenkarten ab. 1:250 000 ist der Maßstab der *Routemaster* Karten vom *Ordnance Survey*, in Deutschland vertrieben von Kümmerly & Frey. England, Schottland und Wales werden auf 9 Kartenblättern dargestellt.

Andere Länder

Die *Generalkarte* ist außer für die bisher genannten Gebiete auch für Dänemark, die Niederlande, Belgien, Tschechien und die Slowakei erhältlich. Außerdem gibt es sie für Kreta, Zypern und die Krim.

Michelin-Karten gibt es auch für die Benelux-Länder.

Skandinavien ist (mit Ausnahme Dänemarks) nicht sehr berühmt für seine Straßenkarten. Schweden auf 25 Blättern liefert Lantmäteriet mit der *Röda kartan* (1:250 000). Finnland auf 19 Blättern liefert Karttakeskus mit der *Suomen Tiekartta* (1:200 000). Norwegen gibt's von Cappelens Kartinstitutt auf 5 Blättern im Maßstab 1:325 000 (in Deutschland bei Kümmerly + Frey).

Genaue Karten von Osteuropa zu bekommen, war vor dem Fall des Eisernen Vorhangs schwer bis unmöglich. Das hat sich jetzt schlagartig geändert. Unablässig kommen neue Kartenwerke auf den Markt, westliche Verlage stecken ihre »Claims« ab.

Ganz besonders gilt dies für das Gebiet der ehemaligen Sowjetunion. Noch 1991 hat sich der Autor in Königsberg nach einer deutschen Karte von 1936 orientiert, heute gibt es perfekte Straßenkarten, die kein Detail verschleiern.

Generalkarte oder Michelin?

Eine Glaubensfrage, zweifellos. Der Generalkarte das Prädikat »beste Straßenkarte der Welt« zu verleihen, würde nicht schwerfallen, gäbe es nicht in Frankreich die Michelin-Karten. Zum Glück ist die Frage in Deutschland oder Frankreich meist eindeutig zu beantworten, weil es die jeweils andere Karte nicht gibt.

Die Michelin-Karten haben den Generalkarten die Darstellung der Straßenbreite voraus. Unterwegs kann es, besonders im Gebirge, nützlich sein, zu wissen, ob eine Strecke gut ausgebaut oder schmal ist. Michelin unterscheidet Autobahnen, vierspurige Straßen, dreispurige Straßen, Straßen mit zwei breiten Spuren, zweispurige Straßen, einspurige Straßen und Straßen mit nur einer schmalen Spur! Nicht asphaltierte Straßen und Straßen von zweifelhafter Qualität sind extra gekennzeichnet. Da kann die Generalkarte nicht mithalten. Einziger echter Nachteil der Michelin-Karten ist eigentlich nur, daß Campingplätze nicht eingezeichnet sind. Lediglich der

Name von Orten mit Campingplätzen ist gekennzeichnet.

CD-ROM

Nichts, was es heute nicht auf silbernen Scheiben gäbe. Landkarten gehören dazu. Die meisten sind so unbrauchbar wie ihre Pendants auf Papier. Doch es gibt auch die Generalkarte auf CD, allerdings zu einem Preis, der den durchschnittlichen Enduristen erstarren läßt. Die dazugehörige Routenplaner-Software ist preislich mehr für den professionellen Anwender vorgesehen.

Andere Routenplaner für PCs sind meist das wenige Geld, das sie denn doch noch kosten, kaum wert. Ihr Horizont beschränkt sich auf Autobahnen und Bundesstraßen.

Dennoch bleibt die Vorstellung bestechend (und wird eines nicht fernen Tages sicher Wirklichkeit), zu Hause die Wochenendtour am Bildschirm zu planen, die Fahranweisungen auf dem Drucker auszugeben, in den Tripmaster einzuspannen und ab geht's!

Tripmaster

Ein Zubehör aus dem Rallye-Sport. Wird am Lenker befestigt. Der Tripmaster enthält eine Rolle Papier, auf der Streckenanweisungen aufgezeichnet sind. Die Papierrolle wird per Handhebel oder elektrisch auf eine Leerrolle befördert und wandert dabei an einem Fenster vorbei.

So ein Tripmaster ist zwar teuer, macht aber optisch unheimlich was her. Für den durchschnittlichen Enduristen macht er nur Sinn, wenn er ihn mit exotischen Aufklebern (arabische Schriftzeichen bevorzugt) kombiniert.

Kompaß

Gewiß kommt man in Mitteleuropa, gutes Kartenmaterial vorausgesetzt, ohne Kompaß aus. Dennoch kann es sogar hier nützlich sein, mehr über den Gebrauch eines Kompasses zu wissen als die Tatsache, daß dessen Nadel nach Norden zeigt. In Osteuropa sieht dies schon anders aus, in Nordafrika wird der Kompaß zum unverzichtbaren Reisebegleiter.

GPS

Das satellitengestützte Navigationssystem GPS (Global Positioning System) hat in den letzten Jahren seinen Siegeszug um die Welt angetreten. Die Geräte haben heute die Größe eines Telefonhörers, der Preis rutscht unablässig.

Im Moment muß man in Mitteleuropa so ein Gerät sicher nicht haben. Dennoch wird diese Technologie unaufhaltsam ihren Weg gehen. GPS-gestützte Orientierungshilfen werden in Nobelkarossen schon eingebaut. Wann

Ohne Karten kommt man nur aus, wenn die Beschilderung eindeutig ist

wird es den GPS-gestützten Tripmaster serienmäßig in der BMW R 1500 GS geben? Wann hört der Endurist die freundliche Frauenstimme in seiner Helmschale: »Zum Eiscafé bitte links abbiegen«?

Lesen
Wolfgang Linke, Orientierung mit Karte, Kompaß, GPS, Herford 1996
Ein gut gegliedertes, sehr am praktischen Nutzen orientiertes Buch. Mit Übungen.
Armin Hüttermann: Karteninterpretation in Stichworten, Kiel 1975
Zwar sehr akademisch, dennoch sehr nützlich für den Kartomanen und den, der es werden will.

Transport

Sollte man auf eigener Achse zum Urlaubsort rollen? Für manchen Motorradreisenden keine Frage.
Doch es gibt gute Gründe, Transportmöglichkeiten zu nutzen. Wer eine leichte Sport-Enduro fährt und diese über schotterige Alpenpässe rollen lassen möchte, wird kaum vorher mit 1000 km Anfahrt auf der Autobahn sich und das Motorrad stressen wollen. Aber selbst für den Eigner einer Touren-Enduro gibt es gute Gründe, sich eines Transportmittels zu bedienen. Diese Gründe können geographischer Natur (Fähren, Flüge nach Übersee), aber auch die pure Bequemlichkeit sein. Wer viel arbeitet, will sicher nicht die wenigen kostbaren Urlaubstage auf der Autobahn vergeuden, sondern verbringt lieber die Nacht im Schlafwagen des Autoreisezugs.

Auf dem Anhänger
Ein Transportanhänger für Motorräder ist die naheliegendste Form, ein Motorrad mit dem Auto zu transportieren. Eine Anhängerkupplung ist natürlich Voraussetzung. Auch sollten Gewicht und Motorleistung des Zugfahrzeugs dem Hänger (und der transportierten Maschine) angemessen sein.
Gravierendster Nachteil eines Hängers: Man darf in Deutschland legal nur 80 km/h fahren, was einen auf der Autobahn zum Verkehrshindernis macht.
Außerhalb der Urlaubszeit muß der Hänger irgendwo abgestellt werden. Fehlt diese Möglichkeit, kann man einen zerlegbaren Hänger kaufen oder einen Hänger mieten.
Aber auch am Urlaubsort muß der Hänger irgendwo bleiben. Campingplätze verlangen daher nicht selten Zuschläge oder erwarten, daß der Hänger außerhalb geparkt wird (was die Diebstahlgefahr erhöht).
Eine besonders reizvolle Besonderheit bietet die Firma Knaus an. Der Wohnwagen »sport und fun« verfügt über eine vergrößerte Eingangstür im Heck und erlaubt die Mitnahme eines Motorrads. Am Urlaubsziel bietet er alles, was der Campingtourist braucht: zwei Betten, Küche und Sanitärzelle. Während des Transports ist die Maschine im Wohnwagen dem Zugriff Dritter entzogen, allzu dreckig sollte sie aber nicht sein, will man sich nicht die rollende Wohnstube versauen.

Auf dem Heckträger
Motorräder lassen sich nicht nur auf Anhängern transportieren. Für Wohnmobile, aber auch für Pkw gibt es Heckträger, die die Mitnahme leichter Motorräder zulassen.

Pickups und Lieferwagen
Perfekt zur Mitnahme von Motorrädern sind Pickup-Fahrzeuge mit Ladefläche, abgeleitet von Pkws oder Geländewagen. In den USA sind sie seit langem populär, auch in vielen anderen europäischen Ländern. Sie vereinigen Pkw-Komfort mit Lkw-Zuladung. Es gibt sie als Zweisitzer, »Kingcab« (mit zwei zusätzlichen Notsitzen) und Viersitzer. Preislich liegen sie erheblich unter den entsprechenden Pkw- oder Geländewagen-Versio-

Auf diesen Nissan-Kingcab passen zwei Sport-Enduros

nen. Steuerlich und versicherungstechnisch werden Pickups als Lkws eingestuft, was ihren Unterhalt wesentlich verbilligt. Zum Transport eines Motorrads ist lediglich eine rutschfeste stabile Rampe zum Beispiel aus Alu-Riffelblech erforderlich. Vierradgetriebene Pickups haben aber eine sehr hoch gelegene Ladefläche, was den Ladevorgang aufregend gestalten kann. Aufgewogen wird diese Ungemach aber durch das umwerfende Aussehen des beladenen Gefährts. Kaum jemand, der sich nicht danach umsieht!

Weniger spektakulär, dafür aber überdacht sind Lieferwagen mit großem Ladevolumen. Das Motorrad läßt sich bequem durch die Hecktür einladen, allerdings wird eine kurze Rampe benötigt. Ein Hochdach garantiert sogar Stehhöhe. Am Zielort kann ein solcher Lieferwagen auch als provisorisches Wohnmobil dienen.

Bahn

»Auto im Reisezug« ist ein altbekannter Service der Deutschen Bahn AG. Schon seit langem nimmt die Bahn nicht nur Autos, sondern auch Motorräder mit. Die Zeiten, wo diese Motorräder unbedingt einen Hauptständer haben mußten, sind glücklicherweise vorbei. Die Bahn hat gelernt, daß verzurrte Maschinen auf dem Seitenständer meist sicherer stehen als auf dem Hauptständer. Der Mitnahme einer Enduro steht also auch nichts mehr im Wege.

Etwas umständlich ist immer noch die Buchung einer solchen Reise. Das Reisebüro nimmt quasi einen »Antrag« entgegen, der erst von der Bahn bestätigt werden muß.

Am Abreisetag muß das Motorrad gleich zu Beginn der Verladezeit anrollen, denn es wird in jedem Fall in der unteren Etage der doppelstöckigen Waggons verladen. Vorsicht beim Hinauffahren: Helm aufbehalten und Kopf einziehen! Die Übergänge zwischen den Waggons sind nicht sehr hoch. Verzurrt wird die kostbare Fracht von Bahnleuten und Besitzer gemeinsam. Die Bahn stellt Keile und Spannriemen zur Verfügung.

Ein Ausflug in die spartanische Welt der 50er Jahre sind die Schlaf- und Liegewagen. Unsere Eltern reisten damals noch ohne Komfort, dafür aber mit eigenem Schaffner je Waggon. Der serviert teure Getränke und Imbisse und morgens den Schlafwagen-Passagieren das im Preis inbegriffene Frühstück. Der Reisende von heute wünscht sich lieber Dusche und Toilette im Abteil. Im Sanitärbereich sieht die Wirklichkeit 1996 aber noch anders aus: Im Schlafwagen zwei Toiletten je Waggon und ein Waschbecken nebst Nachttopf – tatsächlich! – je Abteil, im Liegewagen zwei Toiletten und zwei Waschräume je Waggon. Jede Fähre bietet (zu niedrigerem Preis) heute mehr Komfort. Autoreisezüge führen weder Buffet- noch Speisewagen mit sich. Auch sind Schlaf- und Liegewagenabteile von außen nicht verschließbar. Alle diese Nachteile werden durch den »InterCity by night« überwunden, doch der verkehrt (vorerst) nur von Bonn und München nach Berlin und umgekehrt.

Ansonsten sind die Verbindungen innerhalb Deutschlands in Nord-Süd-Richtung orientiert. Verlade-Bahnhöfe im Norden sind Berlin, Düsseldorf, Hamburg, Hannover, Köln und Niebüll, im Süden Kornwestheim, Lörrach, München, Neu-Isenburg und das österreichische Salzburg.

Darüber hinaus werden von deutschen Bahnhöfen aus auch internationale Ziele angefahren – in Frankreich Avignon, Biarritz, Bordeaux, Nantes und Narbonne, in Italien Alessandria, Bologna, Bozen, Livorno, Rimini und Verona, in Österreich außer Salzburg noch Villach und in Ungarn Siofok.

Nicht nur die Deutsche Bahn AG, auch andere Bahnverwaltungen bieten diesen Service. Für Motorradfahrer interessant dürften Verbindungen innerhalb Schwedens, Finnlands, Großbritanniens, Frankreichs und der Iberischen Halbinsel sein.

Fähren
Bei Reisen in bestimmte Regionen sind Fährpassagen unvermeidlich. Das gilt für Reiseziele auf den Britischen Inseln, in Skandinavien, für alle Mittelmeerinseln, Nordafrika und wegen der ungeklärten Situation in Kroatien, Bosnien und Jugoslawien auch für den Weg nach Griechenland und in die Türkei.

Nach dem spektakulären Untergang der Ostseefähre »Estonia« verzeichnen die Reedereien einen Zuwachs bei den »kurzen« Fährverbindungen, während die Passagierzahlen bei den Übernachtverbindungen zurückgehen. Auf vielen Strecken werden superschnelle Katamaran-Fähren eingesetzt, die die Fahrtzeit auf wenige Stunden schrumpfen lassen.

Generell stehen alle Fährlinien unter einem immensen Kostendruck. Wer also immer nur auf den Preis schielt, schadet letztlich seiner eigenen Sicherheit.

Die Fährverbindungen auf den europäischen Meeren sind einem steten Wandel unterworfen, so daß es unmöglich ist, hier einen verbindlichen Überblick zu geben. Motorrad-Fachzeitschriften geben aber regelmäßig im Frühjahr einen aktuellen Überblick samt Preisen für Motorräder. Doch Vorsicht – manchmal ist es angebracht, eigene Recherchen beim Reisebüro anzustellen. Nicht immer sind diese Übersichten vollständig.

Eisenbahnfähren
Die klassischen Fährverbindungen sind häufig die Eisenbahnfähren, die zugleich Bahnverbindungen über das Meer herstellen (oder stellten). Hier sind zu nennen:

- Die »Vogelfluglinie« Puttgarden – Rødby (Deutschland – Dänemark)
- Helsingør – Helsingborg (Dänemark – Schweden)
- Dragør – Limhamn (Dänemark – Schweden)
- Knudshoved – Halsskov (Dänemark: Fünen – Seeland, ab 1998 Brücke)
- Dover – Calais (Großbritannien – Frankreich)

Alle diese (historischen) Fährwege nutzen die kürzesten Verbindungen zwischen den Ländern. Wegen des lebhaften Verkehrs verkehren diese Fähren meist nach starren Taktfahrplänen. Die Vogelfluglinie Puttgarden – Rødby verkehrt zum Beispiel je nach Verkehrsaufkommen 28- bis 40mal am Tag, Helsingør – Helsingborg 54- bis 72mal, Dragør – Limhamn 20mal und Knudshoved – Halsskov 19- bis 30mal!

Motorradfahrer müssen hier nichts vorbestellen, auch nicht in der Hochsaison, und können dennoch mit der nächsten Fähre mitfahren. Zwar gehören diese Linien nicht zu den billigsten, aber es ist schon ein nicht zu unterschätzender Vorteil, wenn man Fahrpläne und Abfahrtszeiten einfach ignorieren kann. Es wäre einfach ärgerlich, wegen einer unvorhersehbaren Panne die fest gebuchte Fähre, womöglich mit Kabinenplatz, zu verpassen. Ebenso lästig ist es, rechtzeitig loszufahren, zu früh anzukommen und drei Stunden am Fähranleger die Zeit totzuschlagen.

Motorrad sichern

Je nach Fährroute ist es mehr oder weniger ratsam, das Motorrad an Deck gut zu sichern. Bei bewegten Passagen stellen die Decksleute meistens ohne weitere Nachfrage Taue oder Spannriemen zur Verfügung. Entweder sichert man das Fahrzeug selbst oder bleibt dabei, wenn die Mannschaft das tut.

Üblicherweise ist der Aufenthalt auf dem Fahrzeugdeck während der Überfahrt verboten. Häufig wird sogar das Deck verriegelt. Wenn es also unterwegs anfängt zu stürmen, ist das geliebte Zweirad unerreichbar im Bauch des Schiffes!

Bei der Überfahrt Puttgarden – Rødby schicken dänische Fährschiffe übrigens Motorräder immer in das Eisenbahndeck, wo auch die Lkws stehen. Dort können keine Pkws durch umfallende Maschinen beschädigt werden.

Bei den kleinen offenen Trajektfähren und bei Flußüberfahrten ist es dagegen meist obligatorisch, daß Zweiradlenker bei ihren Fahrzeugen stehen bleiben. Schaukelt es sehr stark, ist es unter Umständen besser, auf der Maschine sitzen zu bleiben.

Frachtschiff

Bei Zielen in Übersee besteht auch die Möglichkeit, das Motorrad per Frachtschiff zu transportieren. Die sicherste Transportform ist der Container, nur muß man sich schon mit ein paar anderen Enduristen zusammentun (oder einem 4x4-Fan), um den Container zu füllen. Viele Islandbesucher wählen diese Transportform und kommen selbst per Flugzeug nach. Dadurch umgehen sie für sich selbst die mehrtägige Fährfahrt.

Der größte Nachteil des Schifftransports ist die Terminunsicherheit. Anbieter Woick schreibt:

Terminprobleme können immer dann auftreten, wenn die Verschiffung und ein eventueller Personenflug wenig zeitlichen Spielraum lassen. Selbst Linienschiffe halten ihre Fahrpläne – oft aus technischen Gründen – nicht immer genau ein. Trifft zum Beispiel der Container erst eine Woche später in Kapstadt ein, kann der Container erst eine Woche später auf das Zubringerschiff nach Walfishbay geladen werden. Ist dann bei der Ankunft der Zoll nicht mehr besetzt, zum Beispiel am Freitag, kann Ihr Fahrzeug erst 1 1/2 Wochen nach dem geplanten Termin in Empfang genommen werden. Das Terminrisiko ist bei Frachtschiffen nie auszuschließen, eine großzügige Zeitplanung vermindert das Risiko erheblich.

Flugzeug

Gänzlich ohne Terminrisiko verläuft der Transport per Luftfracht. Das Motorrad wird auf einer offenen Palette verzurrt oder in einer Kiste verpackt. Die Batterie ist abzuklemmen, der Tank muß fast entleert sein. Idealerweise fliegt der Eigner im gleichen Flugzeug mit.

Wie auch beim Transport per Schiff sollte man sich einem erfahrenen Anbieter anvertrauen. Der sorgt nicht nur für den reibungslosen Transport, sondern auch für die Zollabfertigung und eine Versicherung im Zielland.

Baja California

Im Hafen von Mazatlan versuche ich, ein Ticket für die Überfahrt zur Baja California zu bekommen. Ich tauche gegen elf Uhr auf, denn der Dampfer legt erst gegen fünf Uhr nachmittags ab. In Europa und überall sonst auf der Welt wäre es nun kein Problem, eine Passage für ein Motorrad zu bekommen. Nicht jedoch in Mexiko. Geduldig stelle ich mich in die Schlange der Wartenden und lasse mich über zwei Stunden lang von der einzigen englischsprachigen Ticketverkäuferin von Schalter zu Schalter schicken, bis sie mir schließlich ironisch erklärt, daß jetzt der Schalter für die Tickets geschlossen sei, ich möge „mañana", morgen, wiederkommen. Hier heißt es jetzt ruhig bleiben, für einen Choleriker wie mich wahrlich nicht einfach. So mache ich das Beste daraus und lege zwei Ruhetage auf einem idyllischen wilden Zeltplatz am Meer ein. Am übernächsten Tag klappt es dann schließlich mit dem Ticket, und nach qualvoller 16-stündiger Überfahrt taucht im morgendlichen Sonnenlicht die Baja aus dem Meer, Traum vieler Endurofahrer.
Steffen Schönhammer

Gepäck

Wohin mit der Dose Mineralwasser bei der Tagestour? Wohin mit Zelt und Schlafsack im Urlaub?
Mehr noch als bei Straßenmotorrädern muß bei Geländefahrten mit Gepäck darauf geachtet werden, daß der Gesamt-Schwerpunkt des Fahrzeugs nicht zu hoch wandert. Schwere Gepäckstücke daher rahmennah und möglichst tief anbringen.

Körpernah
Bei Tagestouren und sportlicher Fahrweise empfiehlt sich die körpernahe Plazierung des »Gepäcks«. Im Gegensatz zur Unterbringung am Motorrad läßt sich körpernahes Gepäck (subjektiv) besser »ausbalancieren«, weil es die Fahrzeugmasse nicht erhöht.
Die spartanische Lösung sind großvolumige Hüfttaschen, die es sogar mit Extra-Halterungen für Getränkeflaschen gibt. Aus Sicherheitsgründen sollte man ausschließlich bruchfeste Flaschen verwenden, niemals Glas. In den Fächern lassen sich Werkzeug sowie ein Frühstücksbrot oder der Schokoriegel unterbringen.
Etwas mehr Volumen bieten Rucksäcke, angefangen vom modischen Rucksack einer US-Marke bis hin zu größeren Wandermodellen. Gestellrucksäcke haben auf dem Rücken eines Enduristen nichts verloren. Überhaupt lehnen manche Fahrer Rucksäcke aus Sicherheitsgründen ab. Bei einem Sturz vereitelt der Rucksack jeden Versuch, sich abzurollen.

Tankrucksack
In den sechziger Jahren hat die Firma Harro das Konzept des Rucksacks auf das Motorrad übertragen und den Tankrucksack erfunden. Unter dem legendären Handelsnamen »Elefantenboy« liefert Harro sie noch heute. Sie bestehen aus einem Unterteil aus dickem Kernleder und einem flexiblen Oberteil aus gummiertem Cabrio-Verdeckstoff. In die Abdeckung ist eine Kartentasche integriert. Die Konzeption ist an sich wasserabweisend, für Dauerregen gibt's eine Regenhülle. Im Laufe der Zeit hat das Konzept viele Nachahmer gefunden. Heutzutage wird statt der klassischen Materialien auch viel mit Nylon (Cordura) gearbeitet. Für die häufig spitzen Endurotanks gibt es Extraformen, für die große Reise Tankrucksäcke mit seitlich herabhängenden Zusatztaschen.
Aus Gründen der Gewichtsverteilung gehören in den Tankrucksack schwere Gepäckstücke oder Gegenstände, die man unterwegs unproblematisch auspacken möchte: Werkzeug, Proviant, Getränke, Fotoausrüstung, Kartenmaterial.
Tankrucksäcke sind nicht nur für die große Reise nützlich, sondern auch für die Tagestour. Es gibt kaum eine bequemere Möglichkeit, die Landkarte stets sichtbereit zu halten.

Koffer und Topcase
Motorradkoffer gehören heute zur selbstverständlichen Ausrüstung des Tourenfahrers. Die Zubehörindustrie liefert eine breite Palette für jeden Geldbeutel und Geschmack.
Ob Koffer für Enduros aus Alu sein müssen, darf bezweifelt werden. Sie haben eigentlich nur einen Vorteil: Selbstbau-Koffer aus Alublech und Aluprofilen, zusammengehalten durch Poppnieten, lassen sich individuell anpassen und zur Not unterwegs (nach einem Sturz) leicht reparieren. Koffer aus Kunststoff-Spritzguß oder tiefgezogene Koffer lassen sich nur bedingt reparieren. Außerdem sehen Alu-Koffer einfach expeditionsmäßiger aus!
Kofferträger sind ein Thema für sich. Trotz der vielen Reise-Enduros auf dem Markt gibt es bisher nur einen Hersteller, der die Kofferträger technisch und designmäßig voll in sein Modell integriert hat: BMW. Bei allen anderen Motorrädern sehen Koffer immer noch wie nachträglich »drangeklatscht« aus. Bei BMW stimmt auch die genial einfache

Konstruktion des Kofferträgers aus Spritzguß, der obendrein optisch völlig unauffällig ist. Kofferträger aus Rohrkonstruktionen vom Zubehörmarkt fallen bei Geländefahrten leicht den unvermeidlichen Erschütterungen zum Opfer: Sie brechen.

Topcases sind schon aus optischen Gründen nicht unbedingt der Hit bei Enduristen. Beliebter und praktischer sind die wasserdichten Gepäckrollen mit Wickelverschluß (zum Beispiel von Ortlieb), in denen Isomatte und Schlafsack gut aufgehoben sind. Eine bedenkenswerte Alternative zu Topcases sind Aluboxen (zum Beispiel von Zarges). In ihnen läßt sich viel unterbringen, und sie sind abschließbar. Aus zulassungsrechtlichen Gründen muß die Befestigung so erfolgen, daß sie sich ohne Werkzeug abnehmen lassen. Dann gelten sie als Gepäckstück und nicht Teil des Fahrzeugs. Also Flügelmuttern verwenden!

Packriemen

Ob Nylon-Spanngurte mit Laschen aus Kunststoff oder Metall, ob dehnbare Gummi-Spannriemen (»Strapse«) ist eine Glaubensfrage.

Die flexiblen Gummi-Spannriemen müssen nicht eigens gespannt werden, denn sie spannen sich von selbst. Sie lockern sich daher auch nicht bei Erschütterungen. Beim Verzurren und Lösen geht von ihnen allerdings eine gewisse Verletzungsgefahr aus; wenn die Haken aus der Hand rutschen und der Gummi-Riemen zurückschnellt, sollte kein Auge im Wege sein.

Benzinvorrat

Die BMW R 80 G/S löst in den Achtzigern nicht nur den Boom der Reise-Enduros aus, die Paris-Dakar-Version mit großem Tank wirkt stilprägend für die ganze Klasse. Von nun an gehört das Benzinfaß zum Globetrotter dazu. Das Faß hat aber nicht nur Vorteile: Vollgetankt macht es die Fuhre ganz schön kopflastig. Wer muß innerhalb Mitteleuropas schon ständig so viel Benzin mit sich herumschleppen? Schon der Standardtank der GS erlaubt (bei geruhsamer Fahrweise) Reichweiten bis 400 km.

Außerhalb Europas ist so ein Tank sicher von Vorteil. In heimischen Gefilden muß man ihn ja nicht vollfüllen, und gut aussehen tut er trotzdem.

Tanks können aus Stahlblech oder Kunststoff sein. Beim nachträglichen Kauf sollte man auf eine ABE oder ein TÜV-Gutachten Wert

BMW R 80 G/S Paris–Dakar Sondermodell von 1984 (Foto: BMW)

Der Trend zu mehr Schnickschnack ereilt auch das neueste Paris-Dakar-Modell (Foto: BMW)

Auf fremden Straßen

Glücklicherweise sind die Verkehrsregeln international einigermaßen einheitlich gestaltet. Dies gilt insbesondere für Europa. Der wesentlichste Unterschied besteht sicher beim Linksverkehr. Doch das betrifft innerhalb Europas nur Großbritannien und Irland. Verkehrsschilder sind in Kontinentaleuropa nahezu vollständig vereinheitlicht. Im anglo-amerikanischen Bereich besteht eine gewisse Vorliebe für Texthinweise anstelle von Symbolen, was aber nicht schadet, solange man des Englischen mächtig ist.

Höchstgeschwindigkeiten

Die zulässigen Höchstgeschwindigkeiten sind national immer noch sehr unterschiedlich (siehe »Reiseziele«). Auch bestehen Unterschiede in der jeweiligen Mentalität, Verkehrsregeln zu beachten. In manchen südlichen Ländern (Italien!) schreckt man nicht davor zurück, rote Ampeln zu passieren. Aber schon in Frankreich ist dem nicht so!

Das Recht des Stärkeren

Je geringer in manchen Ländern Verkehrsregeln beachtet werden, desto mehr tritt an deren Stelle das Recht des Stärkeren. Lkws und Busse stehen ganz oben in der Rangordnung. Danach folgen gewöhnliche Personenwagen. Erst dann kommen Zweiräder. In solchen Ländern ist es überlebenswichtig, dem Stärkeren den Vortritt zu lassen. Beim Linksabbiegen ist es ratsam, nicht wie in unseren Breiten gewohnt, in der Straßenmitte den Gegenverkehr abzuwarten. Vielmehr sollte man rechts warten, bis jeglicher Geradeausverkehr, egal in welcher Richtung (auch in der eigenen) ausbleibt und diese Lücke zum Linksabbiegen nutzen.

Mit der XT in Kairo

Immer vorwärts, nur die anderen nicht verlieren, nicht einschlafen, schon wieder hat

legen, sonst gibt's Probleme bei der unvermeidlichen Eintragung in die Fahrzeugpapiere. Wichtig ist ferner, daß der Tank aus dem Zubehörhandel einwandfrei paßt. Sonst sind Scheuerstellen oder Spannungen unvermeidlich und ärgerliche Lecks die Folge.

Preislich liegen Expeditionstanks zwischen 500 und 1000 Mark. Eine preiswerte Alternative dazu sind handelsübliche Reservekanister, wobei man aus Sicherheitsgründen trotz des Gewichts Stahlkanistern den Vorzug geben sollte. Den klassischen »Wehrmachtskanister« gibt es auch in 5- oder 10-l-Ausführung, letztere schmal und hoch oder niedrig und breit. Eine dieser Formen läßt sich immer hinter dem Fahrer auf dem Sozius festschnallen. Da es sich um »Gepäck« handelt, darf getrost auf den TÜV-Segen verzichtet werden.

ein neunsitziger Kleinbus mit zwanzig Insassen überholt und die XT abgedrängt. Verdammt, die Hupe sollte wenigstens funktionieren an der XT, dann könnte man mitspielen in diesem unaufhörlichen Hupkonzert ringsum. Die aber bringt auf Knopfdruck nicht mehr als ein schüchternes Piepsen zustande. Der, der die beste Hupe hat, ist in Kairo klar im Vorteil. Was soll's, cool bleiben, nicht nerven lassen, volle Konzentration, immer nach vorn orientieren. Schon wieder keine Sichtverbindung zu den anderen: Einer dieser unsäglich versauten und vergammelten Stadtbusse hat sich mitsamt seiner überdimensionalen Rußwolke dazwischengeschoben. Am nächsten Haltepunkt, der Bus bleibt mitten auf der Straße stehen, rechts vorbei – durch die umeinanderquirlenden ein- und aussteigenden Zweibeiner hindurch, richtige Fußgängerjagd, aber keinem weh tun, die Autos vor, neben und hinter der XT machen's ja auch so. Wieder ein Stau. Der XT-Motor strahlt seine Hitze an die Beine. Es geht weiter. Patsch! Der Kolben steht, aus ist der Motor. Überhitzt. Mitten im Rollen auf der linken Spur. Ganz links ran, Ventilheber, Vollgas, Pumpen mit dem Kickstarter. Achtmal, dann Startprozedur. Nix. Nochmal – nix. Die Hupen hupen, davon springt der Motor auch nicht an. Wieder pumpen. Wieder Startprozedur. Nix. Ein Autofahrer hinten verliert die Geduld. Er fährt ganz ran, schubst die XT mitsamt Fahrer. »Du Arsch, was soll das? Wo sind wir denn? Ach ja, in Kairo« meldet das Hirn. Der nächste Stadtschrottbus verfehlt den rechten Ellenbogen nur knapp, die haben das toll drauf, die Kairoer. Hier braucht's jetzt doch eine andere Strategie. Umdrehen, mit den Armen fuchteln, versuchen, auf die rechte Straßenseite zu paddeln, wo weiter vorn eine kleine Bucht ist. Und das geht – Blickkontakt und Fuchtelei – der andere Straßenrand ist erreicht. Sie sind ja nicht unfreundlich und ganz flexibel, die Ägypter. Wären sie so stur wie bei uns, sie würden dauernd mit Herzkasper umfallen bei ihrem Straßenverkehr. Auch die XT läuft jetzt wieder. Die wiedergewonnene Gelassenheit ih-

Ein vielversprechender nordafrikanischer Morgen bricht an (Foto: Jonat)

Boxenstop im Café Sahara (Foto: Jonat)

Polizeikontrolle
Das gesamte Fernstraßennetz der ehemaligen Sowjetunion wurde einst von einem engmaschigen Postensystem der Verkehrspolizei GAI (Staatliche Automobil-Inspektion) kontrolliert. In Rußland existieren diese Posten wie eh und je. Zunächst winken uns alle GAI-Posten durch, aber an einer Straßengabelung etwa hundert Kilometer vor Petersburg heißt es »Stoj«. Eigentlich will ich der Beschilderung folgen und den Abzweig nach Petersburg nehmen. Die Anfahrtbeschreibung zu unserem Motel setzt das voraus. Der GAI-Polizist verlangt, daß wir geradeaus weiterfahren, angeblich weil die Straße dort besser sei.
Solvejg verhandelt ein wenig mit dem russischen Polizisten, und endlich läßt er uns doch fahren. Später verrät sie mir dann, was den Uniformierten letztlich umgestimmt hat. »Ich habe ihm gesagt, du seist der Mann in unserer Gruppe und wir müßten fahren, wohin du willst. Das hat er akzeptiert.« Ich bin sprachlos, aber sie muß es ja wissen, schließlich ist sie seit wenigen Wochen mit einem deutschen Ordnungshüter liiert.

res Fahrers hat sich positiv auf ihr Startverhalten ausgewirkt.
Reinhard, Holzkirchen in: Stress-Press-International Nr. 58

Die eigene Absicht deutlich machen
In vielen Ländern ist es unabdingbar, nicht zu zögerlich zu fahren. Die eigene Fahrweise sollte die anderen Verkehrsteilnehmer die eigene Absicht erkennen lassen.
Damit sind wir am Kernpunkt des Problems angelangt. Deutsche Verkehrsteilnehmer sind viel zu sehr daran gewöhnt, auf ihr Recht zu vertrauen und auf dessen Respektierung zu bestehen. In anderen Ländern kann dies tödlich sein. Glücklicherweise sind Zweiradfahrer in dieser Beziehung stets wachsamer als Vierradfahrer.
Deutsche Verkehrsteilnehmer verabscheuen alle Situationen, in denen Verständigung zwischen den Fahrzeuglenkern erforderlich ist, zum Beispiel an Kreisverkehren. Kreisverkehre ohne Fahrbahnmarkierungen, in denen die Fahrzeugmassen in mehreren Spuren munter kreisen (Paris!), sind für den deutschen Verkehrsmichel ein schier unüberwindliches Hindernis.
Oft gibt es die Regel »Rechts vor Links« in anderen Ländern nicht (Großbritannien). Auch hier kommt es auf eine Verständigung an. Eine goldene Regel für eine solche Kommunikation in Bruchteilen von Sekunden ist es, den Blickkontakt mit dem anderen Fahrzeuglenker zu suchen.

Ortschaften
Das deutsche Straßenverkehrsrecht kennt den Begriff »geschlossene Ortschaft«. Ihr Beginn wird in Deutschland mit dem bekannten gelben Ortsschild gekennzeichnet, ihr Ende mit einem rot durchgestrichenen Ortsnamen sowie dem Hinweis auf den nächsten Ort. Innerhalb dieses Ortes gilt die bekannte Geschwindigkeitsbegrenzung von 50 km/h, es darf auf der Fahrbahn geparkt werden. Außerhalb der Ortschaften darf nicht auf der Fahrbahn geparkt werden, auf vorfahrtberechtigten Straßen auch nicht gewendet (!). Die Ortsschilder sind also in Deutschland viel mehr als geographische Hinweise.
Im Ausland ist dies nicht immer so. Gerade dünn besiedelte Länder mit weit auseinandergezogenen Siedlungen kennen eine solche Regelung nicht.

Das Motorrad sichern
Die Mittelmeerländer gelten in einer Hinsicht als das Schreckgespenst deutscher Motorradreisender: Der Motorradklau geht um. Wahre Horrorgeschichten werden von Südfrankreich und Italien berichtet.
Wer in Rom beobachtet, wie Römer ihre *Motos* sichern, muß feststellen: auch nicht anders als wir Deutschen! Meist ist das Lenkschloß verriegelt, ab und zu eine Kette oder ein Bügelschloß. Das gilt auch für große und teure Maschinen.
Glücklicherweise findet der Tourist in den Mittelmeerländern noch eine Einrichtung, die bei uns seit langem verschwunden ist – die öffentliche Garage. Nein, kein anonymes Parkhaus, sondern kleine Betriebe mit freundlichem Garagist, eventuell einer kleinen Werkstatt und einer Zapfsäule. Solche öffentlichen Garagen gibt es viele, häufig sind sie rund um die Uhr geöffnet. Dort läßt man das kostbare Zweirad (samt Zündschlüssel!) stehen und erkundet die Großstadt zu Fuß, mit dem Bus oder der Metro. Kostenlos ist der Spaß natürlich nicht, dafür aber recht sicher.

Britische Landstraßen
Ein *dual carriageway* bringt uns aus der Stadt heraus. Diese vierspurig mit Mittelstreifen ausgebauten Landstraßen sind trotz allem nicht zum Schnellfahren gedacht, denn sie werden regelmäßig von *roundabouts* unterbrochen. Wir verlassen diesen wenig motorradfreundlichen Straßentyp und kommen sofort auf eine der herrlichen englischen Landstraßen. Schwerlich wird man in

Mitteleuropa solch eine aufregende Straßenführung finden. In atemberaubenden Kurven geht's um die Ecken, und das erlaubte Tempo von 60 mph (96 km/h) ist nicht leicht zu erreichen.

Verschärft wird der Achterbahneffekt noch durch Mauern und Hecken, die die Briten gern unmittelbar an den Fahrbahnrand plazieren. Selten kann man Kurven voll einsehen, und die Überraschung ist immer wieder groß, wenn die Straße nach einer engen Kurve in eine andere Richtung führt als erwartet. Anders als bei uns, wo für den Straßenbau stets umfangreiche Erdbauten vorgenommen werden, um dem Straßenverkehr ungestörtes Fortkommen zu sichern, folgen die englischen Straßen stärker den topographischen Gegebenheiten. Wozu soll man einen Einschnitt im Hügel schaffen, wenn es eine unübersichtliche Straßenkuppe auch tut?

Nicht vergessen sollte man, daß das britische Straßennetz in seinen Grundzügen zu einer Zeit angelegt wurde, als Deutschland noch von zahllosen Feudalherren regiert wurde. Die Motorradfahrer von heute verdanken der historischen britischen Infrastruktur unübersichtliche Einmündungen, Hundekurven, Chausseebäume, Straßenhecken, Kuppen und schmale Steinbrücken.

Der Weg ins nördliche Schottland führt den Endurofahrer auf gemütliche kleine Straßen. Am Beginn dieser *single track roads* überquert man ein stählernes *cattle grid*, und ein Warnschild verkündet *Beware of lambs!* Die eigensinnigen Wollknäuel dösen mitunter auf dem Asphalt, schauen verträumt auf das sich nähernde Motorrad und lassen sich nur schwer überreden, den Weg zu räumen.

Auf gallischen Landstraßen

Auf der Landstraße ist jeder Franzose (auch die Französinnen) ein kleiner Rennfahrer. Da viele Landstraßen recht kurvig sind, scheint es ihnen besonderen Spaß zu machen. Alle Einwohner sind von einem unglaublichen Vorwärtsdrang beseelt. Kurioserweise wird

auf die Zweiradler, trotz deren Popularität, im Straßenverkehr keine gesonderte Rücksicht genommen. Sie werden auf der Landstraße, wenn's sein muß, haarscharf überholt. Das französische Landstraßennetz besteht aus Nationalstraßen (abgekürzt N) und Departmentstraßen (abgekürzt D). Alle diese Straßen sind mit Kilometersteinen in passabler Größe versehen, die mit der Straßennummer und der Entfernung zum nächstgrößeren Ort versehen sind – sehr praktisch für den Tourenfahrer! Das obere Drittel der Kilometersteine an Nationalstraßen ist Rot, an Departmentstraßen Gelb.

Der Straßenzustand ist in der Regel gut, vielleicht nicht immer germanisch perfekt, aber das wird dann mit einem Gefahrenschild *chaussée deformée* gekennzeichnet.

Nationalstraßen nehmen einen großen Teil des überregionalen Verkehrs auf, egal ob Autobahnen parallel verlaufen oder nicht. Der Lkw-Verkehr ist teilweise erheblich und der Vorwärtsdrang der Trucker noch erheblicher, insbesondere in Ortschaften.

Verursacht wird dieses Phänomen natürlich durch die Autobahngebühr. Mit Ausnahme gewisser Abschnitte (in der Regel zur Umfahrung von Städten) sind alle Autobahnen

Wer hätte das gedacht: In Wales läßt es sich sogar offroad fahren (Foto: Habermann)

Motorrad im Foyer
Eine Kleinstadt in Umbrien, nach einem anstrengenden Tag auf kurvigen Nebenstraßen finden wir ein recht ansprechend aussehendes Hotel. Es stört nicht, daß das ristorante *durch ein Schild* chiuso *gekennzeichnet ist. Wir fragen nach einer Garage, es soll ja in Italien nicht ungefährlich sein, eine BMW des Nachts einsam vor dem Hotel stehen zu lassen.* Garage? Scusi *– haben wir nicht. Für einen tüchtigen italienischen Hotelier ist das kein Problem. Im Foyer steht unter einer Telefonmuschel eine Trialmaschine. Das Geländemotorrad wandert kurzerhand in die Küche, seinen Platz nimmt unsere BMW ein.*

Campen am Strand – manchmal ist es möglich (Foto: Habermann)

gebührenpflichtig. Die Autobahnen selbst sind daher häufig angenehm leer und ruhig. Der Vorwärtsdrang der Franzosen scheint hier merkwürdigerweise zu erlahmen.

Bella Italia

Dem italienischen Verkehr geht der Ruf vorraus, chaotisch zu sein. Dies ist aber nur bedingt richtig. Was mit preußischem Ordnungssinn ausgestatteten nordalpinen Verkehrsteilnehmern apokalyptisch erscheint, entbehrt bei näherem Hinsehen nicht eines gewissen Systems.

Auch auf italienischen Straßen gelten Geschwindigkeitsbeschränkungen. Einheimische fassen diese aber allenfalls als Hinweis auf. Für größere Motorräder gilt Tempo 100. Aber Italiener sehen nichts so eng wie wir.

Den Begriff der geschlossenen Ortschaft gibt es in Italien nicht, Ortsschilder haben also nur Informationswert. Allerdings sind sie häufig mit Geschwindigkeitsbegrenzungsschildern verbunden. Aufgrund des Temperaments italienischer Autofahrer wird die erlaubte Geschwindigkeit bei Baustellen häufig maßlos tief herabgesetzt (5, 10 oder 20 km/h). Offensichtlich erwartet niemand im Ernst, daß so langsam gefahren wird.

Zweifellos sind die Italiener die besten Straßenbauer der Welt. Vielleicht ist der Asphalt nicht immer so ebenmäßig glatt wie nördlich der Alpen, doch italienischen Straßenbauern ist kein Berg zu steil, um nicht noch eine kleine Zufahrt hinaufzulegen. Zur Not sprengt man halt eine Ausbuchtung in die senkrechte Felswand!

Sympathischstes Verkehrsschild in Italien ist das Warnschild »Kurven«, meist mit dem Zusatz *continua* (andauernd) auftauchend. Ähnlich sympathisch: das Kurvenschild mit dem Zusatz *tornante* (Kehre). Weit weniger erfreulich dagegen die Gefahrenschilder mit den Zusätzen *strada dissestata* oder *strada deformata,* was soviel wie »Straßenschäden« bedeutet. Sie tauchen leider nahezu überall auf.

Vorsicht ist deshalb beim Fahren geboten und Vollgas nur selten möglich. Bedenken sollte man auch, daß Italiener hemmungslose Überholer sind. Kurven oder Bergkuppen schrecken sie nicht ab. Kurzes Hupen warnt den Gegenverkehr. Aufgrund der geographisch bedingten, häufig atemberaubenden Straßenführung (was Motorradfahrer ja gerade anspricht) kommt es ab und an zu kleineren »Störungen« wie Erdrutschen. Oft werden derartige Fahrbahnverengungen auf kleineren Straßen nur durch ein dezentes Schuld *interruzione* angekündigt.

Erschwert ein langsam fahrendes Fahrzeug, zum Beispiel ein Lkw, zügiges Fortkommen, ist es unbedingt angezeigt, nicht allzuviel Abstand zu halten. Nachfolgende Autofahrer fahren sonst haarscharf an einem vorbei bis zur Stoßstange des Lasters, auch wenn das Motorrad viel schneller überholen könnte. Ebenso wartet niemand darauf, daß der Reihenfolge nach am Hindernis vorbeigefahren wird, wie man es in bundesdeutschen Fahrschulen lernt. Der Fahrschul-Schulterblick ist deshalb lebensnotwendig!

Noch ein Hinweis zum Thema »Tanken« in Italien: Selbstbedienungstankstellen sind sehr selten. Die Regel sind zwei Zapfsäulen, mehr oder minder unvermittelt am Straßenrand auf dem Bürgersteig stehend. Italienische Tankwarte sind es gewohnt, Zweiräder zu betanken. Sie verschütten deshalb kein Benzin auf Tank oder Tankrucksack. Sehr häufig gibt's sogar Zapfsäulen für Zweitakt-Gemisch wie in Deutschlands Osten. Während der langen Mittagspause von 12 bis 15 Uhr sind die meisten Tankstellen *chiuso* (geschlossen), also rechtzeitig vorsorgen. Häufig liest man auf dem Schild *aperto 24 ore* (24 Stunden geöffnet), dann steht hier ein Tank-Automat. Getränke oder Lebensmittel gibt es an italienischen Tankstellen praktisch nicht, darauf sollte man sich schon einstellen. Münzbetriebene Hochdruckreiniger wird man ebenso vergeblich suchen, wenn, dann zahlt man für die Wäsche mit Bedienung.

Autobahn-Gebühren

Autobahnen in den romanischen Ländern kosten Gebühren, das ist gemeinhin bekannt. Wer unbedingt Autobahn-Gebühr sparen will, muß keine Angst haben. Grundsätzlich ist die Zufahrt immer so gestaltet, daß man niemals »aus Versehen« auf eine gebührenpflichtige Autobahn gelangt. Man muß in der Regel schon bewußt der Ausschilderung einer Anschlußstelle folgen, um diese überhaupt zu finden. Anschlußstellen sind häufig nicht dort, wo sie in kürzester Entfernung zum Ort stünden, sondern wo Platz genug für die (unvermeidliche) Mautstation ist. Auf längeren Strecken wird regelmäßig durch eine Mautstation unterbrochen, um kassieren zu können. Kleingeld (in Frankreich 10 frs-Stücke) in einer Außentasche bereithalten!

Skandinavien

Das krasse Gegenteil zur südländischen Verkehrshektik bietet Skandinavien. Die sprichwörtliche Konfliktscheu der Skandinavier drückt sich auch in deren Fahrweise aus. Tempolimits werden, besonders in Ortschaften, gnadenlos eingehalten. Wer innerorts schneller als 50 km/h fährt, fällt auf!

Zu dieser US-amerikanischen Fahrweise gesellt sich in Schweden das bei Jugendlichen sehr beliebte *cruising*, zum Teil tatsächlich in offenen Ami-Schlitten. Da geht es die Hauptstraße auf und ab, immer im Schleichtempo, immer mit einer Bierdose in der Hand.

Bekannt ist, daß Tempolimits insbesondere in Norwegen scharf kontrolliert und Verletzungen streng geahndet werden. Die *Polis* bzw. *Politi* ist im Norden aber beim Kassieren sehr kundenfreundlich: Kreditkarten werden akzeptiert, der Fahrer zahlt einfach mit seinem guten Namen!

Zum Glück sind in Schweden Tempolimits auch mehr als eindeutig gekennzeichnet. Niemand muß sich merken, wo man wann wie schnell fahren darf. Naht eine Ortschaft, begegnen einem 50 km/h-Schilder, ist es eine sehr zerstreute Ortschaft, können es auch 70 km/h sein. Außerorts werden 70, 90 oder 110 km/h vorgeschrieben, je nach Straßenzustand.

In den dünn besiedelten nordischen Weiten lohnt sich der Bau von Autobahnen nicht immer. Daher werden viele Landstraßen mit Mehrzweckstreifen zu beiden Seiten ausgerüstet. Bemerkt man, daß ein von hinten kommendes Fahrzeug überholen möchte, fährt man kurz nach rechts auf den Seitenstreifen. Doch Vorsicht: Die Verantwortlichkeit für diese Aktion liegt beim überholten Fahrzeug, nicht beim Überholer! Also besonders auf Einmündungen, Radfahrer und Fußgänger achten.

Straßentyp und Tempolimit sollte man beachten, wenn man in Skandinavien Touren plant. Die Entfernungen sind hier groß! Eine Nordkap-Tour in einer Woche hin und zurück wird zur Tortur. Von Oslo bis zum Nordkap sind es in Norwegen 2183 km ausschließlich auf Landstraßen mit 80 km/h Höchstgeschwindigkeit. Hinzu kämen noch die 1400 km von Frankfurt/M. bis Oslo. Zum Vergleich: Von Frankfurt/M. bis Malaga an der Costa del Sol sind es »nur« 2403 km! Vom schwedischen Trelleborg bis zum Nordkap

Zurück nach Deutschland

Mit den letzten Tropfen Sprit erreichen wir den dänischen Fährhafen Rødby. Endlose Autoschlangen in brütender Hitze vor den Fahrkarten- und Zollkontrollen. Recht bald winkt man auch uns durch, doch keine Fähre weit und breit, die uns hinüber nach Puttgarden bringen könnte. Zeit genug, ein kleines Geschäftchen zu erledigen. Also mache ich mich auf den Weg zum nächsten Gebäude, um dort den Schildern zu folgen. Erleichtert trete ich den Rückweg an, den mir eine männliche Person in blauer Turnhose (die mit den drei Streifen), blauem kurzärmeligem Hemd und Badelatschen verstellt. Er sagt etwas auf dänisch, von dem ich nur den Brocken „Paß" verstehe. Ich zucke mit den Achseln, gestikuliere in Richtung Klo einer- und Motorräder andererseits. Schließlich darf ich passieren. Allerdings geht mir der Turnhosenträger in einiger Entfernung nach und trifft sich dabei zwischen den Autoschlangen mit einer Frau in Röckchen, Klapperlatschen und Hund an der Leine. Sollten das etwa…? Ja tatsächlich, das sind dänische Zöllner.

Mein deutsches Gemüt ist hoffnungslos verwirrt. Diese Verwirrung legt sich erst wieder in Puttgarden. Hier ist die Welt noch in Ordnung, denn unsere Grenzschützer stehen brav in langen Hosen unter sengender Sonne. Immerhin scheinen Hemdsärmel erlaubt worden zu sein, und auch die Krawatten dürfen heute im Spind bleiben.

sind es 2463 km. Von Trondheim, seinerseits bereits 1110 km von Kopenhagen entfernt, sind es nochmals 1959 km bis Kirkenes an der russischen Grenze.

Die »schnellste« Route zum Nordkap führt übrigens nicht über die E 6 durch Norwegen, sondern entlang der E 4 über Stockholm durch Schweden. Und wer diese gut ausgebaute Strecke scheut, dem sei der *inlandsvägen* über Mora, Östersund, Strömsund, Arvidsjaur und Jokkmokk empfohlen.

Ein ganz besonderes Risiko geht in Skandinavien vom Wildwechsel aus. Die Warnschilder mit dem Elch sind nicht nur zur Förderung des Fremdenverkehrs angebracht. Entlang der E 4 warnen sogar riesige Tafeln mit *Älgfara!* Bekanntermaßen steigt das Risiko in der Dämmerung, und so ein Elch ist schon um einiges größer als unsere zierlichen heimischen Rehe.

Weiter im Norden werden die Elche auf den Warnschildern durch Rentiere abgelöst. Diese freundlichen Wesen stapfen in ganzen Rudeln über die Straßen, lassen sich weder durch Motorengeräusch noch Hupen beeindrucken, sondern trotten gemächlich von Straßenseite zu Straßenseite.

Skandinavische Tankstellen sind an den Hauptstraßen zu oft riesigen Anlagen ausgebaut worden. Was bei uns gerade erst wächst, die Kombination mit Supermärkten, ist hier seit Jahren Standard.

Der Landbewohner fährt zum Einkaufen an die Tankstelle, stellt den Volvo neben die Zapfsäule und verschwindet eine halbe Stunde im Laden. Alle Tankstellen sind mit Automaten ausgerüstet, die außerhalb der Öffnungszeiten Geldscheine akzeptieren. Brennspiritus für Camping-Kocher erhält man in Schweden unter dem Handelsnamen T-Röd an der Tankstelle.

Wer mit unvergälltem Alkohol angereicherte Getränke zu Genußzwecken sucht, wird in Norwegen, Schweden und Finnland nur in speziellen Läden der staatlichen Monopole fündig (in Schweden *systembolaget*). Steril wie in einer Apotheke wird dort das Teufelszeug verkauft, zu Apotheker-Preisen!

Off-Road im Ausland

Frankreich

In Frankreich ist die Welt noch in Ordnung. Die deutsche Öko-Neurose scheint das Land noch nicht befallen zu haben. Das Rhone-Tal steht voller AKWs, und der Strom kommt noch aus der Steckdose. Egal, ob das Mineralwasser nun in Plastik- oder Glasflaschen abgefüllt ist, es sind Einwegflaschen. Die freundliche Dame im Géant-Supermarkt legt bei jedem Einkauf ungefragt eine Handvoll Plastiktüten auf das Band. Mann – so war's bei uns auch mal, in den goldenen 60ern. Die gallischen Nachbarn vertrauen noch dem technischen Fortschritt.

Die Liebe zum Zweirad scheint den Franzosen angeboren, egal, ob nun mit Muskel- oder Motorkraft angetrieben. Wichtig ist dabei, daß die ganze Aktion sehr *sportif* ausschaut. Der teutonische Tourist sieht mit Staunen die halbe gallische Nation auf zwei Rädern strampeln, nur dürfen's keine langweiligen Tourenschaukeln sein – heiße Renn»maschinen« oder VTTs (die Franzosen müssen statt Mountainbike *vélo-tout-terrain* sagen) sind Pflicht – und je steiler die Straße oder der Bergweg, um so besser. Wahrscheinlich haben alle Franzosen in ihren Fahrrädern einen winzigen, nahezu unsichtbaren Hilfsmotor, der ihnen zu diesen unglaublichen Geschwindigkeiten verhilft, den deutschen Power-Müsliriegel gibt's hier jedenfalls nicht (Vollkornbrot auch nicht).

Welche Motorradgattung kann da als einzige mithalten? Für welche Motorradgattung gibt's ähnlich sportive bunte Klamotten? Richtig! Die Antwort lautet Enduros. Franzosen lieben Enduros, weshalb hier sogar Motorroller auf Enduro gestylt werden. In kaum einem anderen europäischen Land wird eine solche Begeisterung für Motorsport im

Gelände entwickelt wie hier. Die legendäre Paris–Dakar konnte jahrelang mitten in der gallischen Hauptstadt am Neujahrsmorgen unter volksfestartigen Umständen starten, während die deutschen Fans froh waren, ein paar Sätze in der Fachpresse zu erhaschen (heute stehen ihnen immerhin Satellitensender zur Verfügung).

Im ganzen Land gibt es noch kleine nichtasphaltierte Verbindungswege oder Waldwege *(routes forestière)*. Auch hier nehmen Verbotsschilder zu, teilweise inklusive der vorsorglichen Ankündigung, daß die Zuwiderhandlung 900 frs Strafe kostet. Eine südfranzösische Besonderheit sind Schlagbäume vor Waldwegen, die zu bestimmten Anlässen (Wochenende, Waldbrandgefahr) geschlossen werden können.

Italien

Unausrottbar ist die allgemeine Überzeugung, Verbotsschilder hätten in Italien nicht die gleiche Bedeutung wie bei uns, vielmehr bedeuteten sie lediglich so etwas wie Haftungsausschluß: Wer hier entlang fährt, tut dies auf eigenes Risiko.

Dies ist natürlich barer Unsinn. Kein Wunder, daß wegen der permanenten Mißachtung der Verbotsschilder namentlich an den Strecken rund um den Gardasee regelrechte Barrikaden errichtet werden, die selbst von Mountainbikern nur mit größerem Aufwand überwunden werden können.

Schade eigentlich, denn die grandiosen Militärsträßchen, während des Ersten Weltkriegs von den italienischen Gebirgstruppen an allen italienischen Grenzen in den Fels gesprengt, gehören zu den Höhepunkten des Enduro-Wanderns überhaupt.

Allzu leicht vergißt man dabei heute, daß an der Grenze zu Österreich vor achtzig Jahren erbitterte Kämpfe tobten. Mehr als 13.000 Soldaten fielen 1916–1918 in der Schlacht um den Monte Pasubio. Fünfzig Tonnen konventionellen Sprengstoffs, 1918 eine beinahe unvorstellbare Menge, jagten die Österreicher

in einem Stollen hoch und erschütterten damit den ganzen Berg. Es hat ihnen nicht geholfen, Südtirol und Trentino fielen an Italien.

Die *Strada degli Eroi* (italienisch: Straße der Helden) ist heute vielleicht nicht die höchstgelegenste Militärstraße in den Alpen, aber so, wie sie in die steile Felswand gehauen ist, zweifellos die aufregendste. Leider schützen heute zwei Barrikaden die Zufahrten zu diesem Kleinod unter den Militärstraßen.

In unmittelbarer Nachbarschaft zum Pasubio liegt die Straße zum Passo di Tremalzo, fast

In den Vogesen (Foto: Schönhammer)

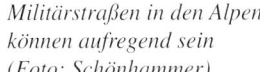

Militärstraßen in den Alpen können aufregend sein (Foto: Schönhammer)

*Am Passo di Gavia
(Foto: Habermann)*

*Die Strada degli Eroi
ist eine der aufregendsten
Militärstraßen in den Alpen*

ebenso kühn angelegt und mit traumhafter Sicht auf den Gardasee. Die Nebenstrecken zum Tremalzo sind bereits fast alle gesperrt, nur die klassische Strecke selbst wird (wohl aus touristischen Gründen) noch offen gehalten. Der Tremalzo ist allerdings streckenweise derart überlaufen von Mountainbikern, Enduristen und Geländewagen, daß einem der Spaß schon vergehen kann. Dem Autor selbst sind hier 1993 ein Alfa Romeo Spider und ein Mercedes 200 Diesel begegnet. 1996 brach der Autor eine »Bezwingung« des Tremalzo mit einer Yamaha V-Max (285 kg) wegen mangelnder Bodenfreiheit ab, es rollte ihm jedoch eine vollverkleidete BMW R 1100 RT entgegen, deren Fahrer steif und fest behauptete, vom Paß heruntergekommen zu sein. Das immer noch ganz grüne Gesicht der Sozia räumte alle Zweifel darüber aus.

An der Westgrenze Italiens, schon auf französischem Gebiet liegt die Auffahrt zum Mont Chaberton, dem höchsten anfahrbaren Punkt in den Alpen. Glücklicherweise ist die Anreise hierher von Deutschland schon etwas weiter und beschwerlicher. Daher drängen sich die Enduristen in dieser Gegend noch nicht so arg ...

Ein schlechtes Öko-Gewissen muß der Endurist auf den Militärstraßen kaum haben. Überkommt es ihn dennoch, so werfe er rasch einen Blick auf die nächste sommerliche Ski-Piste, für die große Waldflächen gerodet und der Erosion preisgegeben worden sind.

Wer in Italien nur auf die bekannten Pisten fixiert ist, verpaßt einiges. Hier gibt es noch manche, nicht asphaltierte Strecke. Am Passo Croce Domini führt sogar eine Staatsstraße unasphaltiert über die Berge! Außerdem darf man nicht nur in den Alpen suchen ...

Und was die Verbotsschilder angeht: Die Mißachtung staatlicher Verbote war in Italien schon immer Volkssport. Warum als Deutscher nicht auch einmal ein ganz klein wenig Ungehorsam wagen?

Dänemark

Deutsche nehmen sich bekanntlich immer alles heraus, solange es nicht ausdrücklich verboten ist. Dem Prinzip der freiwilligen Selbstbeschränkung huldigen dagegen die Vernunft-orientierten Skandinavier.

In Dänemark kann einem ein ganz winziges Schild am Straßenrand begegnen mit der Aufschrift *lukket vej* oder *lukket område* (geschlossener Weg, geschlossenes Gebiet). Auch wenn dies kein explizites »Betreten

Diese Schranke sperrt meistens die Zufahrt zum Pasubio

Norwegen, Schweden, Finnland

Die allgemeine Grundregel der freiwilligen Selbstbeschränkung gilt auch im übrigen Skandinavien. Das schwedische Jedermannsrecht *(allemansrätten)* erlaubt den freien Aufenthalt in der Natur, also auch das Zelten. Aber nur für eine Nacht!

Besser ist es ohnehin, Campingplätze aufzusuchen. Gewissermaßen ein Geheimtip sind kleine private Einrichtungen, häufig auf Bauernhöfen, wo meist eine Toilette und eine Dusche zur Verfügung stehen, sowie ein Platz hinter der Scheune. Die meisten Campingplätze verfügen über kleine Hütten (norwegisch *hytter*, schwedisch *stugor*), die für Zwischenübernachtungen oder schlechtes Wetter ideal sind.

Apropos schlechtes Wetter: Schweden ist nördlich der Alpen das Land mit den meisten Sonnenstunden pro Jahr. Norwegen hat ein eher ausgeglichenes, maritimes Klima mit der Tendenz zu feuchten Sommern. In Schweden und Finnland können die Sommer sehr trocken und heiß werden. Oberhalb des Polarkreises geht im Sommer die Sonne nachts nicht unter.

In Zusammenhang mit Skandinavien darf ein Thema nicht unerwähnt bleiben: Mücken. Die reizenden Tiere sorgen dafür, daß dieser bezaubernde Teil Europas stets ein Geheimtip für Insider bleiben wird. Wildes Zelten ist meist gut und schön, aber: Die lauschigsten Plätzchen am See haben die meisten Mücken. Besser sind schotterbestreute Flächen ohne Gras und Büsche, vorzugsweise windig gelegen. Skandinavische Wohnwagen-Urlauber bevorzugen auf Campingplätzen asphaltierte Stellflächen!

Wenn Endurofahrer nach Skandinavien fahren, dann natürlich wegen der so sagenhaften Schotterpisten. Wer dabei an Eisenbahn-Schotter denkt, liegt falsch. »Nicht-staubfreier Straßenbelag« trifft den Kern schon eher. Man muß auch nicht weit nach Norden fahren, um auf diesen Straßentyp zu treffen. Außer im südlichen Schonen (schwedisch

verboten« im deutschen Sinne ist, hier geht oder fährt man nicht ohne Grund hinein! Führt eine Landstraße durch einen Wald, findet man gelegentlich nur am Waldanfang ein einziges Schild *motorkørsel på skovvejene forbudt* (Kraftfahrzeugverkehr auf den Waldwegen verboten). Es folgen keine weiteren Verbotsschilder!

Unter ähnlichen Aspekten ist auch die dänische Eigenart zu betrachten, die Strände der Westküste für den Fahrzeugverkehr freizugeben. Besser sechs Wochen im Jahr den Strand voller Autos, als das ganze Jahr die angrenzende Landschaft durch Parkplätze zu verschandeln. So ist das gemeint und nicht als Einladung an deutsche Motortouristen, dort wilde Cross-Rennen abzuziehen. Übrigens: Auch dort herrschen Ebbe und Flut. Bei letzterer steigt das Wasser schneller als man denkt. Peinlich, wenn das geliebte Fahrzeug gerade im weichen Treibsand festhängt!

Skåne), das Dänemark ähnelt, ist in allen schwedischen Provinzen jede Nebenstraße nicht mehr asphaltiert. Das gilt entsprechend für Norwegen und Finnland. Wer glaubt, er müsse deswegen zum Polarkreis fahren, irrt. Nur daß dort auch die Hauptstraßen teilweise nicht »staubfrei« sind.

Nicht asphaltiert bedeutet in Skandinavien keineswegs uneben oder ungepflegt. Zuweilen wird man sogar absteigen und verwundert die Fahrbahn anschauen, läßt es sich doch kaum ausmachen, ob dies nun Grobkies-bestreuter Asphalt oder doch schon »Schotter« ist. Sport-Enduristen werden diesen Straßentyp gähnend langweilig und die Distanzen zu groß finden. Reise-Enduristen dagegen sind in ihrem Element, denn hier kann man ruhigen Gewissens das Tempolimit ausfahren, das auch hier häufig bei 90 km/h liegt, und 300 km »Schotter« am Stück abreißen.

Aufregend wird es eigentlich nur innerhalb von Baustellen. Wegen der Entfernungen verbieten sich Umleitungen von selbst. Daher rollt der übliche Verkehr munter zwischen riesigen Planierraupen und Kieslastern weiter. Entsprechend sieht der Untergrund aus – da kann man schon mal ins Schwitzen kommen.

Skandinavische Motorradfahrer stehen übrigens überhaupt nicht auf Reise-Enduros. Hier mag man die Extreme: reinrassige Crosser, Goldwings oder langgabelige Chopper.

Osteuropa

Traumhafte Enduroländer sind die osteuropäischen Länder. Hier gibt es alles, was des Endurofahrers Herz begehrt: nicht-asphaltierte Nebenstraßen, geringe Bevölkerungsdichte und eine positive Grundeinstellung der Menschen zum Motorsport. In Ländern wie Polen, Tschechien, der Slowakei oder Ungarn unterscheidet sich die Versorgungslage heute nicht von der in westlichen Ländern (vorausgesetzt, man hat Geld). Viele kleine Campingplätze erwarten den durchreisenden Enduristen, die Menschen überraschen mit überschwenglicher Freundlichkeit (die man von touristischen Einrichtungen in den sozialistischen Ländern nicht gewohnt war). Sprachliche Probleme dürften kaum auftreten, weil viele Menschen Deutsch sprechen. Nach Enduro-Strecken muß man nicht suchen. Je nach Region sind wenigstens die kleinen Verbindungswege zwischen den Dörfern nicht asphaltiert, was den Enduro-Spaß garantiert. Dazu gesellt sich eine unberührte Natur, daß man sich um Jahrhunderte zurückversetzt glaubt (ein Eindruck, der natürlich durch das ärmliche Leben in den Dörfern noch unterstützt wird). Die Länder Osteuropas – noch ein Geheimtip für Endurofahrer.

Skandinavische Schotterpisten erlauben zügiges Vorankommen

Eisfischen in Finnland

XV Motoristin Pilkkipäivät
Frei übersetzt: 15. Winterangeln für Motorradfahrer.
Ort des Geschehens: ein See in Südfinnland.
Teilnehmerzahl: etwa fünfzehn.
Wetterbedingungen: bewölkt, Schneefall, minus 15°C.
Den Veranstalter Ismo kenne ich seit drei Jahren von Wintertreffen in Finnland her. Er fährt BMW GS-Modelle und treibt sich zwei bis drei Wochen im Jahr mit Angel, Messer und Flinte bewaffnet (nicht zu vergessen das Handy mit Solarstation) in den Wäldern Nord-Finnlands herum. Ein Naturbursche und Waldläufer also.

Fahrzeug und Ausrüstung
HU-Fernreisegespann, 1000 cm³ BMW-Zweiventil-Boxer, 60 PS, überladen.
Das Gespann rollt auf 15"-Auto-Winterreifen mit Spikes. Für ausreichende Motorschmierung sorgt 5W/60 Motoröl.
Persönliche Ausrüstung: Heizvisiere, beheizbare Handschuhe, Thermoanzüge, Filzstiefel, Winterzelt, Winterschlafsäcke, Fußschützer und Kniedecke.

Eisangeln, die natürlichste Sache der Welt
»Dies ist ein guter Platz!« Ismo deutet auf eine Stelle im See, etwa fünfzig Meter von der Uferlinie entfernt. Wir sehen nur eine weiße Schneefläche. Die anderen finden ebenfalls ihre »idealen« Stellen. Merkwürdig nur, daß jeder sein Glück an einem anderen Ort sucht. Aber wir haben ja auch keine Ahnung vom Eisangeln. Also folgen wir dem »Meister« auf seinem Weg durch halbmeterhohen Schnee. Mit Händen und Füßen befreit Ismo ein Areal von etwa ein mal ein Meter vom Schnee und stellt seine Utensilien ab. Ein klappbarer Eisbohrer ist darunter für Eisstärken bis einmeterzwanzig und eine handliche Angelrute mit zwei Meter langer Schnur.

»Russisches Modell«, wie wir erfahren, »das sind die besten«. Ah ja!, wieder etwas dazugelernt. In einem kleinen Köfferchen bewahrt er seine »Spezial«-Köder auf: Mehlwürmer mit Brotkrume, in Wodka getränkt. Die anderen verwenden ähnliche Rezepturen. Ebenfalls »spezial«, natürlich.
Das Loch ins Eis ist schnell gebohrt. Das Eis ist etwa einen Meter dick. Mit dem Durchbruch des Bohrers drückt sich ein kleiner Wasserschwall an die Oberfläche. »Hm, das riecht gar nicht gut. Wenig Sauerstoff da unten«, meint Ismo und schiebt den Eiswassermatsch mit der Hand beiseite. Es stinkt nach Kloake, ein fauliger Geruch steigt in unsere Nasen.
Die Angelrute besteht aus Holz und ist etwa dreißig Zentimeter lang. An ihrer Spitze befindet sich eine etwa fünf Zentimeter lange Stahlfeder mit einem Ring am Ende, durch den die Schnur hindurchläuft. Die Feder

Die schwedische Armee hat Stützski für Motorräder in ihren Arsenalen

Mit Spikes läßt sich eine TT 600 auch auf festgefahrener Schneedecke sicher bewegen

macht das Besondere aus. Beißt ein Fisch an, so nimmt die Feder den ersten Zug des Fisches auf und reißt dem Angler die Rute nicht gleich aus der Hand. Zudem schnellt die gespannte Feder zurück und sorgt damit für einen sicheren »Sitz« des Hakens am Fisch. »Die viel teureren finnischen Modelle haben diese Feder nicht, sie haben nur einen insgesamt biegsamen Ausleger«, klärt Ismo uns auf, »damit verliert man viel öfter den Fisch als mit den russischen«.

Ein armer Mehlwurm in Brotkrume, mit Wodka getränkt, wird am Haken befestigt. Ein kleines Bleigewicht wird oberhalb des Hakens angebracht und sorgt dafür, daß die Schnur straff im Wasser hängt. Die Wassertiefe beträgt hier etwa einmeterfünfzig, inklusive Eisdicke. In einem stetigen Auf und Ab wird die Rute nun etwa fünfzig Zentimeter vom Seegrund bis zur Eisunterseite langsam hochgezogen, um dann den Haken wieder ebenso langsam zum Seegrund zurückfallen zu lassen. Zwischendurch friert das Bohrloch immer wieder einmal zu. Die Angelschnur sitzt dann fest und muß von Hand wieder vom Eis befreit werden.

Eine interessante Tätigkeit. Erstmals können wir nun nachempfinden, was in Finnland im Winter landauf, landab zu beobachten ist: Dickvermummte Gestalten sitzen in dickstem Schneegestöber bei strengstem Frost auf Tausenden von Seen und rühren Stunde um Stunde mit einem Arm scheinbar in der Luft herum. Selten beobachten wir dabei den Fang eines Fisches. Um so häufiger wird das ewige Auf und Ab von einem beherzten Griff zur Wodkaflasche unterbrochen.

Uns erschließen sich die Geheimnisse des finnischen Volkssportes nicht sogleich. Nach einer Weile jedoch schaust du vom Bohrloch auf und blickst über den See. Das Auge findet keinen Halt in dieser scheinbar endlosen Schneelandschaft. Das Gefühl, ein unwichtiges Teil in einem großen Ganzen zu sein, kommt auf. Du trotzt diesen unwirtlichen Bedingungen und beobachtest dich dabei, wie du deinen Gedanken nachhängst. Du kommst zur Ruhe. Das Angeln an sich ist nur ein Aufhänger, es ist für sich selbst besehen völlig unwichtig.

Die Zeit vergeht dabei wie im Flug. Es wird schon dunkel, als wir unsere Sachen zusammennehmen und zum Zelt zurückkehren. Gefangen haben wir nichts. »Wenig Sauerstoff da unten«, wie Ismo schon sagte.

Glüh-Lachs

Trotzdem setzen wir uns zu den anderen ans bereits brennende Feuer mit dem Gefühl, etwas geleistet zu haben. Ein riesiger Lachs ist auf ein Holzscheit genagelt worden und wird am Feuer gegrillt. Glüh-Lachs nennen die Finnen diese Delikatesse. Hochprozentiges macht die Runde. Man erzählt Geschichten, und wir verstehen kein Wort. Schauen wir zu belämmert drein, wird die Unterhaltung wieder kurz in Englisch geführt. Nach drei Sätzen verfällt man aber wieder ins Finnische. Wir sind halt Gast bei einem Treffen finnischer Motorradfahrer, die sich um ein Feuer *im Schnee zusammengefunden haben, um Benzin zu reden. Und um dem Eisangeln zu frönen. Die Anfahrt von bis zu dreihundert Kilometern haben die meisten auf ihren spikesbewehrten XTs oder XRs zurückgelegt. Nur einer ist mit einem Vierzylinder angereist. Die Ausmaße der Packrollen werden von den Eisbohrern bestimmt. Neben der Angelausrüstung noch einen Schlafsack, ein paar Grillwürste und eine Flasche Wodka dazu, das war's.*

Geschlafen wird in zwei mit Rohröfen beheizten Armeezelten, die wir schon vor dem Angeln gemeinsam aufgestellt haben. Sechs Mann halten das Zelt, einer läuft drumherum und stößt mit einer Brechstange Löcher für die Holzheringe in den vereisten Boden. Das dauert pro Zelt eine halbe Stunde und ist mit vielen erzählten Geschichten verbunden.

Den Abend verbringen wir am Feuer. Da auch die anderen keinen Fang gemacht haben, stellt der Glühlachs das einzige offizielle Nahrungsangebot dar, und wir alle fallen nach etwa dreistündiger Garzeit über diese Leckerei her. Der Himmel ist sternenklar, und die Temperatur sinkt auf weit unter zwanzig Grad minus. Noch einen Schluck aus der Wodkaflasche, und noch einen. Dann ziehen wir uns in die Schlafsäcke zurück.

Im nächsten März kommen wir wieder an irgendeinen anderen See, mit einem Feuer im Schnee ... zum Eisangeln und der Ruhe wegen.

Karl-Heinz Strohmeier

HU-Fernreisegespann in finnischer Kälte (Foto: Strohmeier)

Register

ABS 38
Abrollgeräusch 25, 40
Africa Twin 24, 60
Aluminium-Rahmen 18
All-Terrain-Vehicles 46
Allzweck-Enduro 15, 36
Aprilia 49, 54
Aprilia Pegaso 23, 25, 36
Auspuffgeräusch 25
Autobahngebühr 131
automatische Deko-Einrichtung 22
Auto Union 80

Bahn 121
Bekleidung 110
Benzinvorrat 125
Bereifung 39
Bergab 96
Bergauf 97
BMW 50
BMW R 80 G/S 15, 36, 125
BMW R 100 GS 37
Boxer-Motor 50
Bridgestone 40
Bridgestone TW 47 39
Brustpanzer 110, 111

Cagiva 16, 55, 74, 78
Cagiva Canyon 55
Cagiva Elefanten 24
Camel 501 78
Cantilever 33, 34,
Cantilever Schwinge 85, 86
CD-ROM 119
CL 72 23, 57
CL 250 57
CL 450 57

Continental 39
Cross-Gespann 44
CZ 55

Dämpfer 29, 32
De-Carbon-Prinzip 30
Dekompressionshebel 22, 23
Dnepr MT 16 45
Doppelschleifen-Rahmen 18
DR Big 750 21
DR Big 750 S 82
DR Big 800 21, 82
Dreiwege-Katalysator 24
Druckstufe 32
Druckstufen-Dämpfung 29
DR 350 82
DR 350 SE 83
DR 350 SHC 36
DR 400 S 82
DR 500 S 82
DR 600 S 21, 82
DR 650 RE Dakar 82
DR 650 SE 35
DT 1 84
DT 2R 85
DT 125 85
DT 175 85
DT 250 85
DT 400 MX 33
Dual-purpose bike 11
Ducati 55

Elefant 55
Einrohr-Dämpfer 30
Einrohr-Rahmen 18
Enduro-Profil 41
Enduro-Gespann 44

Enduro-Sport 100
E-Starter 22

Fähren 122
Federn 28
Federbeine 28
Federstärke 30
Federrate 29
Federvorspannung 31
Federweg 31
Felgendurchmesser 36
Fernreise-Gespanne 44
Floating-Suspension-System 34
Flüssigkeitskühlung 22
Flugzeug 123
Forstgesetze und Naturschutz 103
Frankreich 117
Fünfventil-Technik 21, 89
Full Floater 34
F 650 35, 54

Gabelfedern 27
Gasfedern 29
Geländesport 99
Generalkarte 118
Gepäck 124
Gespanne 44
gezogene Langschwinge 32
Gilera 56
Gitterrohr-Rahmen 18
GPS 119
Großbritannien 118

Hard-Enduro 14, 76
Harley-Davidson 55, 56
HD Cagiva 55
Heckträger 120

Helm   110
Hinterrad-Aufhängung   32
Honda   56
Honda NX 250   36
Honda NXR 750   60
Honda XL 600 V Transalp   25, 36
Hunde   104
Husaberg   23, 60
Husqvarna   23, 55, 73, 76
Husqvarna 400 TE   75
Husqvarna 610 TE   75
hydraulische Dämpfer   29

Italien   117

Japans Motorradindustrie   11

KACR-Mechanismus   22
Kanguro 350   78
Kawasaki   35, 74
Kawasaki KLE 500   36
Kawasaki KLX 650   27
Kickstarter   22
KLE 500   75
KLR 600   22, 75
KLR 650   21
KLR 650 E   23
KLR 650   22, 75
KLX 250   75, 76
Kompaß   119
Koni   29
Kreuzspeichenrad   37
KS 750   50
KTM   23, 35, 76
KTM-Rotax-Motor   20
Kurven mit großem Radius   92
Kurven mit engem Radius   93

Landstraßen   128
Laverda   78
Laverda OR 600 Atlas   24
LC4   76
Lucky Explorer   55
Luftdruck   41

Marzocchi-Federbeine   30
Metzeler   41
Michelin   118
Monocross-Umlenkhebel-System   34
Monocross-Schwinge   87
Monolever   33
Monoshock-System   33
Moto Guzzi   24, 78
Moto Guzzi 1000 Quota   79
Moto Morini   55, 78
Moto Morini Camel   24
Motorengeräusch   25
Mountainbiker   104
M+S-Kennzeichnung   39
MuZ   81
MZ   80

Naturschutzgebiete   103
Negativfederweg   31
NX 250   59
NX 650 Dominator   36, 58
NTX 650   79

Off-Road im Ausland   132
Off-Roadfahren   129
Öl-Ausgleichsbehälter   30
Österreich   117
Öhlins-Federbeine   30
OR 600 Atlas   78
Ortsdurchfahrten   104
Osteuropa   118

Paralever   33
Paris-Dakar-Modell   126
Pegaso   49
Pegaso 650   21
Perimeter-Rahmen   18
Pferde   105
Pickups   120
Portugal   118
Profil   41
Pro-Link   34
Protektoren   110

Quota   24

Radfahrer   104
Radgröße   36
Rahmen   18
Reifenkennzeichnung   40
Reifenentwicklung   41
Reise-Enduros   15, 36, 38, 39
RFCV-Technik   21
R 65 GS   52
R 75   50
R 80 GS   52
R 80 G/S   12, 23, 35, 36, 38, 41, 51, 52
R 850 GS   53
R 100 GS   23, 35, 36, 38, 52
R 1100 GS   24, 28, 35, 38, 53, 82
R 1100 RS   53
RC 600   56
RC 600 C   56
RT-1   85

SACS   22
SACT-Prinzip   40
Saxon Country   81
Scheibenbremse   38
Schlauchlose Reifen   37
Schraubenfedern   28
Schweiz   117
Schwingengabel   27
Scrambler   57
Sechstagefahrt   10, 51
Seitenständer   35
Sitzbank   35
Sitzhöhe   35
Six Days   9, 80
Skandinavien   118
SP 370   82
Spanien   118
Spaziergänger   104
Speed-Index   40
Speichenrad   37
Spikes   138
Sport-Enduros   36
Springen   95
Stiefel   110
Straßenkarten   116
Straßenverkehrsrecht   102
Suzuki   81

Suzuki Height Control   36, 83
Suzuki DR 350   27
Suzuki TS 250 X   82

Tankrucksack   116
Tauchgabel   26
Telegabel   26
Telelever   28
Teleskopgabel   10
Temperfoam   110
Tengai   75
Tieferlegungssatz   36
Tiefsand   91
Tiger 9000   84
trail-bike   11
Training   99
Transalp   59
Transalp 600 V   59
Transportanhänger   120
Treadwear indicator   40
Trial-Reifen   39, 41
Tripmaster   119
Triumph   83
Triumph Tiger 900   25, 84
Trommelbremse   38
TSCC-Brennraum   21
TS 250 R   82
TS 250 X   82
TT 500   88
TT 600   23, 88
TT 600 E   89
tubeless   40
tube type   40
TWI (treadwear indicator)   40
Twinduro TKC 80   39

Umlenkhebel-System   34
ungeregelter Katalysator   25
Uni-Trak   34
Upside-Down-Gabel   27, 83

Verbotsschilder   102
Viertakt-Motoren   20
Vorderrad   36
V 35 TT   79
V 65 TT   79
VW Konzern   80

Waldwege   103
Wanderkarten   116
wasserdichte Kartenhüllen   116
Wehrmachtsgespann   50
Wenden am Hang   98
Wetterschutz   110
White Power-Federbeine   30
Wohnwagen   120

XL 250   57
XL 250 R   58
XL 350   58
XL 500   38
XL 500 R   58
XL 500 S   58
XL 600 LM   37
XL 600 R   21, 58
XL 600 LM   58
XL 600 RM   58
XLV 750   24
XLV 750 Africa Twin   36
XLV 750 R   59
XR 650 R   23
XRV 650 Africa Twin   60
XT 250   86
XT 500   85
XT 550   21, 86
XT 500   12, 21, 22
XT 600   87
XT 600 E   87
XT 600 Z Ténéré   21, 38
XT 600 K   23, 87, 88
XTZ 660 Ténéré 21, 89
XTZ 750 Super Ténéré   21, 24

Yamaha   84
Yamaha XT 600   36, 18
YDIS-Doppelvergaser   21

Zentralrohr-Rahmen   18
Zündapp   50
Zugstufe   32
Zugstufen-Dämpfung   29
Zweirohrdämpfer   29
Zweitakt-Motoren   18

Der Autor

Ralf Heinsohn, »Baujahr« 1958, leitet hauptberuflich die Abteilung »Publishing and Documentation« in einem deutschen Teilunternehmen der internationalen Olympus-Gruppe. Bis 1989 betätigte er sich als Herausgeber des regionalen norddeutschen Motorradmagazins »Kurve«. 1987 veröffentlichte er »Das andere Motorradbuch«, sowie 1988 ein Computer-Taschenbuch. 1990 erschien sein Buch »Motorrad-Gespanne«.

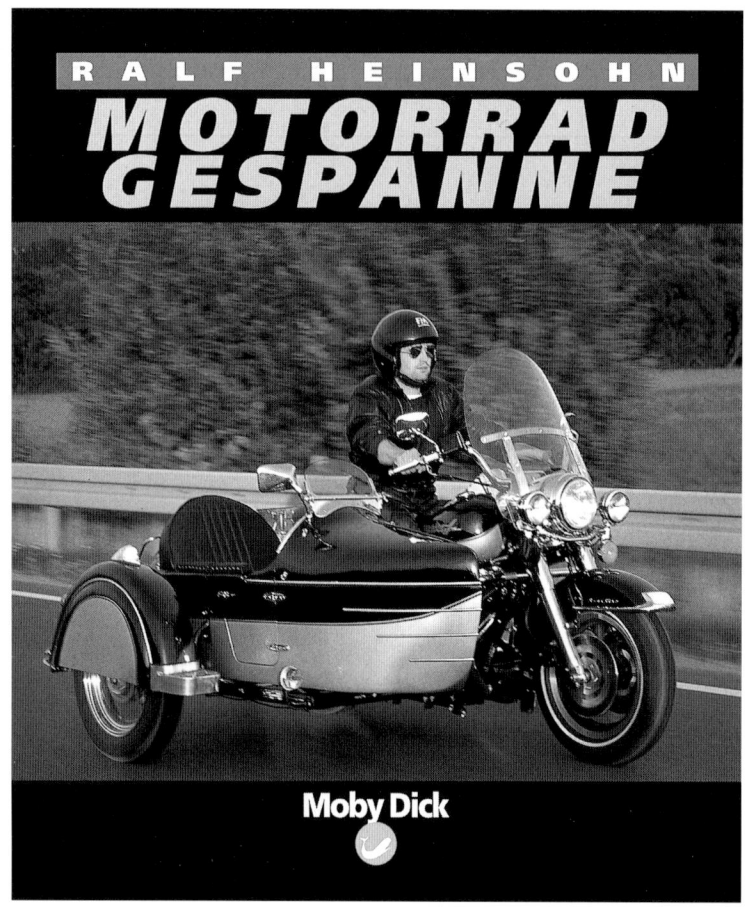

Ralf Heinsohn
Motorradgespanne

Von den Grundlagen der Bauweise und der Fahrwerksgeometrie über die geschichtliche Entwicklung bis hin zu fahrtechnischen Hinweisen gibt Ralf Heinsohn einen umfassenden Überblick zum Thema. Auch Kauf und Zulassung, physikalische Grundlagen des Fahrens auf drei Rädern, Urlaubsreisen und Winterfestigkeit werden behandelt.
Technische Zeichnungen erleichtern das Verständnis.
Ein Grundlagenbuch für den Einsteiger und gleichzeitig ein Schmöker für den Kenner.
144 Seiten, 180 farbige und s/w Abbildungen, Format 20 x 23,5 cm, gebunden

———————————— Erhältlich im Buch- und Fachhandel ————————————

18,-